史都華・維斯 STUART VYSE——著
劉宗為——譯

迷信、儀式感與
過度樂觀的
非理性心理學

# 妄想的力量

# THE USES OF DELUSION

CONTENT

# 目錄

# 1

# 理性不是唯一的思考模式

**若要弄清楚某個想法的意義爲何，只需要去判斷它會產生出什麼樣的行爲；只有行爲才重要。**

——美國哲學家威廉．詹姆斯，《實用主義方法論》（*The Pragmatic Method*）

一九七二年，我剛開始攻讀研究所，而有位朋友死於車禍。他是越戰老兵，離開戰場回到家鄉後，生活就陷入困境。某個深夜，他妻子蘇珊在睡覺時，他的車子意外撞上了幾公里外的一棵大樹。

後來的幾個星期裡，我們一群人花了很多時間陪伴蘇珊，帶她出門散心，甚至把她灌醉。我們每個人都會抽空陪伴著她、抱抱她，不讓她獨自一人。

蘇珊在大學裡的圖書館工作。她的辦公桌位在七樓的窗戶邊，丈夫過世前，她每天工作結束時，都會看到丈夫走到圖書館接她下班。每天從窗戶看到丈夫的身影，蘇珊就知道要收拾東西下班了。

丈夫去世幾個月後，某天晚上蘇珊告訴我，她每天仍會在工作快結束時低頭望向街道，期待看到他走向圖書館。這不僅是個習慣。她不願意接受事實：好不容易熬過戰爭、平安返家，卻不知何故就消失不見了。

「我常感覺到他正要走進家門。」蘇珊說道。

有些時候，生活中需要一點妄想，特別是面對親友的死亡。美國作家瓊・蒂蒂安（Joan Didion）在自己的回憶錄《奇想之年》（*The Year of Magical Thinking*）中，寫下了丈夫突然去世後的哀悼歷程：

**表面上看起來，大多數時候我都是理性的。外人看來，我好像完全明白死亡是不可逆的。我授權法醫解剖屍體，也安排好了火葬事宜。我計劃好要將他的骨灰帶去聖約翰大教堂。**[1]

蒂蒂安堅持，丈夫去世後的第一個晚上她要獨自度過：「這樣他可能就會回來了。」[2]在接下來的幾個月，蒂蒂安的生活重心只有一件事：等丈夫回來。所以他的鞋子都還在鞋櫃裡，他回來時用得到。

對我來說，在人類所有的特徵裡，最可愛的就是會做出自相矛盾的行為。毫無疑問地，人類是這個星球上最有智慧的物種，然而，正常的人平均每一個小時，就會做出一件明知道不該去做的事情。有些人會執著於錯誤的想法，並提出貌似合理的理由。通常，我們都能意識到自己的不一致之處：「我知道不應該這樣做，但我克制不了自己，我就是想做。」說起來令人羨慕，動物就沒有這種矛盾心情。貓狗有時會做瘋狂的事情，但牠們的信念非常單純，不會去懷疑自己的行為是錯的。

這本書會談到人類行為上的許多矛盾。我們所堅持的信念和所採取的行動通常搭不起來，但這些矛盾很有價值，因為它們能幫助人們度過艱困的日子，掌握當下的生活情況，並實現個人目標。

我跟蒂蒂安一樣，基本上是理性主義者。我是行為科學家，專門研究迷信心理學和占星術。《懷疑探索者》（*Skeptical Inquirer*）雜誌有我的專欄「行為與信仰」，而那本雜誌的基本精神是「科學和理性」。我的志業就是宣揚邏輯和證據的重要性，並強調它們是最重要的行動指標。這兩者是各種偉大成就的基礎，靠著它們，人類才能度過難關、生生不息。

但經過這麼多年來的探究，我對真理和謬誤的區分慢慢有所轉變。每個人都有偏見，也有迷信和不理性的一面，但它們都是瑕不掩瑜的特徵。在生活中，若想表現自己最好的一面，就應該擺脫妄想，以理性主導自己的行為。然而，在生命中有些時刻，我們不能（也不應該）拋棄自己的妄想。

有用的妄想並不少，有些是與生俱來的，就像牙齒和骨骼，它們與感官上的幻覺很相似。圖1.1是著名的繆勒萊耶錯覺（Müller-Lyer illusion）。每一個修過通識心理學的人都能告訴你，這兩條線的長度是一樣的。我在電腦上畫出左邊的線，然後複製貼在右邊，所以它們的長度完全相同。不相信的話，你可以拿尺量量看。

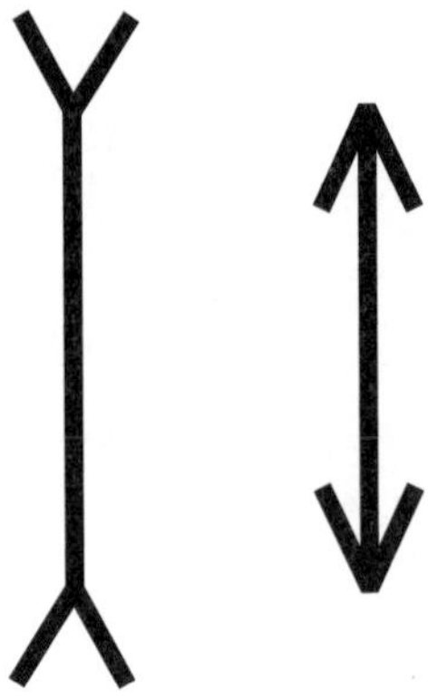

**圖1.1** 繆勒萊耶錯覺

儘管證據充足，但對大多數人來說，左邊的垂直線看起來就是比右邊的還要長。有一種解釋是，人們在生活中常常接觸到立方體，而左邊的圖形看起來像是稍遠的立方體內角（如牆角），而右邊的圖形看起來像是立方體的外角。最後，大腦會依據自己與遠處物體之間的距離去判斷它表面上看來的大小。因此，我們不會把一輛遠方迎面而來的汽車誤認為是玩具車。繆勒萊耶錯覺是源自於人類的深度知覺（depth perception），左邊的線看起來更長，因為它似乎距離我們比較遙遠。

但就算你實際去測量、知道這兩條線的長度一樣，也了解深度知覺的原理，也無法消除掉這項錯覺。它們看起來就是不一樣長。本書所談到的其他妄想也一樣難解；就算知道是自己誤信了，也無法擺脫，彷彿它們是人體的基本構造。

有些妄想比較鬆散，所以人們可以自己決定是否要屈從於它們。但妄想不同於感官的幻覺，前者會大大影響人們的生活方式。雖然妄想聽起來不是好事，但有些確實會對生活有所幫助。

問題就出在人類太聰明了！哲學家和心理學家都指出，理性是人類的基本特徵，而其他物種沒有。只有人類才有完整的意識去欣賞和評論生活。存在主義哲學家（這些人老是悶悶不樂）認為，理性和對理解的渴望是人類獨有的重擔，而不可避免地，我們才因此認識到生命的荒謬和無意義。在《薛西弗斯的神話》中，法國作家卡繆說道：

> 如果我是森林裡的樹，或是野外的貓，這樣的生命也許還有意義，或者就沒有意義上的問題，因為我屬於這個世界。但透過我的人類意識，以及我對熟悉事物的信念，我變成了這廣大世界的對立者。這個荒謬的理性使我對立於一切創造物，再怎麼寫也無法跨越這一切。[3]

理性和大腦造就出了偉大的城市、藝術和科技。雖然我們沒有陷入卡繆對存在的絕望感，但也都了解，人類的智力並非毫無缺陷。此外，也只有人類會意識到，自己和所愛的人有天終將死去，而一棵樹或一隻貓是無法體會到人類面對生老病死的心境。

此外，人類不只有單一心智。從當前主流的認知理論看來，大腦同時有兩個獨立的主機板在運作；一個想得快，另一個想得慢。前者是系統一，也就是大腦快速而直觀的反應，它讓我們即時處理外在事務，而無需借助更強大的裝置。透過個人經歷和經驗法則，大能就能處理每天要接收的數十億位元的資訊量。相比之下，系統二是速度較慢的超級電腦，它能進行數學運算、弄清楚系統一做不到的事情。系統一習慣當機立斷、繼續前進；系統二則需要一點時間來權衡所有的利弊得失。你準備開車去旅行時，有條不紊的系統二會弄清楚，如何將家人的行李都裝進後車廂；而系統一會依據直覺來決定午餐要吃什麼。

兩個主機板同時處理資訊，當然優點很多，但也有缺點。過去四十年來的行為經濟學研究顯示，系統一與系統二常常會相互矛盾。心理學家康納曼（Daniel Kahneman）與已故的特沃斯基（Amos Tversky）合作，獲得了二〇〇二年諾貝爾經濟學獎，作家麥克·

劉易斯（Michael Lewis）將他們的研究成果稱之為「橡皮擦計畫」。[4]在一系列簡單但巧妙的實驗中，康納曼和特沃斯基發現，快速行動的系統一大多能做出正確決定，但有時卻會犯下嚴重的錯誤，而這時就該馬上止血。

最經典狀況就是比例偏見，心理學家艾普斯坦（Seymour Epstein）以下例來說明。[5]實驗現場有一大一小兩個碗，只要能從中抽到紅色的果凍豆，就能贏得一百塊。小碗裡總共有十顆果凍豆，一個紅色，九個白色；而大碗裡總共有一百個豆子，十個紅豆和另外九十個白豆。擅長深思熟慮、進行數學思考的系統二會告訴我們，雖然只有一次抽獎機會，但這兩個碗抽中紅色的機率都一樣，所以不管挑哪個都沒差，擲硬幣決定就好。

但是，直觀的系統一令受試者遲疑，所以忍不住要看著大碗的十個果凍豆。其實他們並不覺得選哪個碗都沒差，反而認為大碗裡的紅豆看起來比較多。果然，艾普斯坦的學生有八成都選了大碗。

是的，系統一確實偏袒大碗，但這並沒有壞處，反正兩邊的獲勝機率是一樣的。當然這不是實驗的結果。研究人員接著從大碗中換掉一顆紅豆，以繼續測試系統一的比例偏見。

小碗還是一樣，十顆果凍豆中有一顆是紅色的；但在大碗的一百顆豆子中，紅色的只有九顆，白色的則有九十一顆。在系統二的推論下，選擇小碗的獲勝機率維持在一成，但選擇大碗的獲勝機率卻下降為百分之九。在抽獎前，實驗人員還提醒同學，大小碗的獲勝機率已經變不同了。但結果仍有百分之六十一的同學選擇了大碗，儘管抽中的可能性較低。接下來，實驗人員再次降低大碗中的紅色豆數量，降到剩五個，也就是獲勝機率為百分之五，僅僅是小碗的一半。然而，還是有百分二十三的參與者選擇了大碗。[6]

現在你看到了衝突所在：直觀的系統一決定選擇大碗，而愛計算的系統二被冷落了。大碗的獲勝機率不到一成，應該選擇小碗才對！類似的情況很多，我們也有意識到這個矛盾，但做決定時還是會違背自己的最佳利益。直覺的力量實在太強大了，再怎麼聰明的人也不時會違背自己的判斷，做出有損自己利益的決定。

比例偏見是一種心理機制上的錯覺，類似於感知錯覺（如前述的繆勒萊耶錯覺）。但差別在於，繆勒萊耶錯覺無法改善，你明知道事實為何，但在視覺上還是會覺得左邊的更長。相較之下，比例偏見可透過自主性的選擇來修正，所以選擇大碗的人只是屈服於直覺。但只要有更多人運用講究理性的系統二，就能說服依賴系統一的人。總之，相較於感知上的錯覺，比例偏見等心理偏見比較好化解。

過去幾十年來，許多行為經濟學家跟心理學家都在研究這類問題。人類的思維中有各種偏見，當中有許多是導因於系統一和系統二的衝突。比例偏見的情況比較好解決，只要稍微思考一下就知道正確的答案。當然，直覺是非常有用的工具，只是偶爾會讓我們選了錯誤的碗。心理學家都想弄清楚人性中的矛盾處，並將我們帶向較為正確的道路。

然而，這本書不是為了否定任何偏見或謬誤。相反地，我即將描述的人類特性，雖然自相矛盾，但最好要保留下來。我沒有要大家全然放棄理性、邏輯和知識，轉而只相信直覺和信仰。這絕對是不明智的。我只是想提出平衡的觀點：既然人類有高度的智慧與清晰的思維，那也一定會有理性所不及之處。現代人也越來越能接受，非理性是一種特徵，而不是缺點。直覺、猜測和幻想是天生的心理機制，有時會讓系統二感到困惑，但仍非常有用。

## 妄想的定義

「妄想」（delusion）經常令人聯想到異常的東西。美國精神醫學協會將妄想定義為

「雖有足以反駁的證據，但還是無法改變的固著信念」[7]，並將它列為思覺失調症的特徵，而後者又是破壞力最強的精神疾病。但是，妄想這個詞早在精神醫學出現前就已存在了，就算是身心健康的人也有。妄想的英語 delusion 源於拉丁語 deludere，其字根是 ludere，意思是「玩耍」；而 deludere 則是「玩弄」或「嘲弄」的意思，特別是指對他人灌輸錯誤的信念。在莎士比亞的戲劇《亨利六世》中，聖女貞德說到：

**請容我解釋，是我讓您誤解（deluded）了：**
**我所提到的不是查爾斯或公爵，而是那位勝出的拿波里國王雷尼爾。**[8]

《韋氏字典》將「妄想」定義為「虛假或騙人的信念或宣傳語」[9]，但這定義沒什麼啟發性。我們最在乎的是，明明鐵證如山，但有些人仍然堅信某些事情為真。正如許多人沒有罹患思覺失調症，但還是相信地球是平的，就算科學家早已證明那是錯的。[10]

但就實際上來看，就像相信鬼魂或外星人存在，地平論其實無傷大雅，因為它們對生活不會造成實質的影響。地平論不是什麼嚴肅的學問，這群人在生活中也不會因此獲益或受到傷害（但要忍受一些嘲笑）。我們要討論的妄想更普遍、更重要；說起來有點矛盾，這些妄想若保留下來，反而對生活會更有好處。

妄想出自於個人的想法或信念，而它們的效力取決於是否具有行為驅動力。例如，你相信家裡鬧鬼，但除非你被嚇到吃不下也睡不著，否則就不會採取任何行動。相較之下，像比例偏見這種錯誤的直覺，卻會讓你做出錯誤的投資決策，除非你喜歡賠錢，否則它當然是有害的妄想。因此，我們要討論的妄想，除了宗教信仰之外，還有會驅動行為的不理性信念。在深入探討前，我們要先了解，人是如何評估自己的信念和行為。

## 理性選擇論：人真的是自私的嗎？

在今天，我們會依據某項行為是否合理，而去判斷它的價值。各領域的學者都在研究人的理性和推理過程。比如說，哲學家和認知科學家會區分出知識論以及工具性的理性。[11]在知識論的領域中，我們探討如何獲得和評估知識，如何透過證據和邏輯來產生真信念，以準確地認識世間萬物。而就工具理性來看，行動要符合目標以及個人的信念。

當前最主要的理性理論是來自於經濟學。十八世紀的蘇格蘭哲學家亞當・斯密認為，人類是純粹理性的動物，通常會做出最理想的選擇；人類是自利的動物，只想滿足自己的品味和偏好，以實現最高層次的幸福感。在商業活動中，買家和賣家各有盤算，以實現對自己最有利的目標。斯密樂觀地認為，無需限制這些自私的競爭行為，而所有人都能從中受益。

這種理想化的決策過程，在二十世紀中葉前，都還是經濟學的基本假設。直到「橡皮擦計畫」出現後，康納曼、特沃斯基等研究人員才揭示了人類的決策缺陷。雖然這些行為經濟學家動搖了我們對於理想決策的看法，但大眾還是認為，自利是最佳的行為準則。

康納曼等人精準地指出人類在推論上的偏見和錯誤，而且所作所為都明顯違背了對自己真正有利的選擇。正如在前述的實驗中，大家都會從大碗中抽果凍豆，雖然它的中獎機率較低。

理性選擇論具有哲學和經濟學上的基礎，讓我們能分析何謂良好的決策。圖表1.2呈現出最常見的理性選擇流程[12]。有時不用想太多，只要能滿足個人的喜好和渴望，那麼該行為就是理性的。比方說，我喜歡口感濃郁的切達起司，而家裡冰箱剛好有，那我不

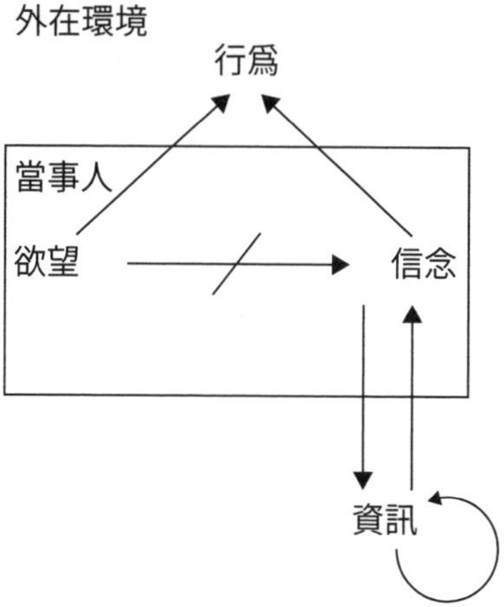


**圖1.2** 理性選擇論。從箭頭的方向可看出：行爲奠基於信念，而該信念是來自可用的資訊。欲望與信念的斷裂箭頭代表非理性的路徑，有時信念的形成是奠基於當事人的一廂情願。

用動腦就可以滿足渴望。但有時就需要思考一下。若我到陌生的地方旅行，那汽車修理廠應該不是購買起司的正確選擇；但如果方圓百里只有這家車廠，那我也只能幻想老闆的副業是賣起司。當然我不是認真地這麼認為，畢竟這不合常理，跟當前的資訊無關。

根據理性選擇論，人們的行動大都是基於對外在狀態的信念。人類聰明又有智力，會根據思考的結果來做決定。為了符合理性的標準，行動與決定必須奠基於最可靠的信念。

不過，有時我們的信念錯得離譜，但行為仍稱得上是理性的。舉例來說，許多人從小就被告誡「飯後絕不可以運動」，但事實證明，飯後輕鬆散步對身體更有益。這項規定在過去的確是合理的，因為長輩怕我們消化不良；現在我們知道父母錯了。[13]在從前，飯後要等一個小時才能去運動，這是因為當時的資訊有限，但更正確的新資訊出現後，過去的理性行為就被推翻了。因此，飯後要不要散步都是理性的，就看當下所依據的資訊為何。

理性選擇論的另一項標準是，就知識論上的理性來看，人們有責任找出最可靠的信念。因此，你應該盡全力找出各種證據和相關資訊。但事實上沒這麼簡單，比方在球賽進行時，你就不會有時間觀察所有人的表現並找出最完美的戰術。不過，孩子生病時，父母就不該道聽塗說，選擇來路不明的草藥療法。在理想情況下，父母應該尋求專業的意見與協助。同樣地，憑直覺做投資也是不理性的行為。

在圖表1.2中，信念到資訊有雙向箭頭：新資訊會改變信念，而信念則必須有可靠的資訊去支撐。而一旁的圓圈意味著，當事人要不斷收集資訊，直到建立可靠的信念和行動基礎。

此圖最有趣又最重要的特色，就是欲望到信念之間的斷裂箭頭。它代表常見的非理性思維。根據理性選擇論，人們絕對不可以只出於欲望就相信某事，這就是一廂情願，當然也是妄想。但事實上，無論是我的朋友蘇珊或作家蒂蒂安，都是靠著這種妄想而活著。她們都堅信丈夫還活著，還會返家。她們希望這是真的，雖然事實證明情況不是如此。

根據理性選擇論，心智很脆弱，所以容易產生非理性行為。如果你任由欲望來決定信念，就會變成不理性的人；找不到充分的證據和理由來支持自己的信念，也是不理性的。因此，從資訊變為信念、再從信念延伸到行動，都要合邏輯。

舉例來說，地平論者就沒有遵守奧坎剃刀原則，也就是說，最簡單的解釋就是最好的。他們不接受美國太空總署發布的照片和影片，也不相信太空人的證詞，反而堅稱這背後有超級複雜的陰謀。他們說，這幾十年來，有心人士偽造太空任務的資料和衛星照片，就是為了隱瞞地球是一片平地的真相。[14]而且這項陰謀的保密工作很成功，當中成千上萬的參與者都沒有爆料，所以世人都不知道自己被蒙在鼓裡。當然，地平論完全不可信，否則就違背知識論上的理性了。

「不理性」比妄想的範圍更大。許多學生在準備期末考時會掛在網路上，雖然他們都知道這是在浪費時間。打工族刷卡購買名牌包也是不理性的，雖然當事人也知道不該這麼做。這些行為都不符合工具理性，也就是亞里斯多德所謂的無意志症（akrasia）或意志薄弱。有各種利益相衝突時，我們往往會無法自制，選擇立即而短暫的回饋（上網滑臉書），而非更有價值、要等更久的結果（好成績）。許多重要的社會問題（如負債、肥胖、成癮）都是意志薄弱造成的，當中也涉及妄想或自欺；正如購買名牌包的打工族會合理化自己有這方面的需求（這也是一廂情願）。

此外，許多意志薄弱的人其實是懶得進行理性思考，只用衝動的系統一去做決定，但這不是本書要探討的議題。

許多人以為亞當．斯密的經濟學模型是為了合理化冷酷又自私的行為。事實不是如此，人們常常為了他人的幸福而努力。在一七五九年出版的《道德情感論》中，斯密寫道：

> **大家都說人類很自私，但我們本性中有一些原則，不但對他人的命運深感興趣，也**

> **很在乎他人的幸福，即使自己並未獲得任何好處。其實，光是看見他人過得幸福，自己也會感到開心。**[15]

仔細想想，正因為有道德情感，所以我們會幫助陌生人跟小動物。捐錢給慈善機構或去當志工時，只要想到有人因此受惠（不用現場看到），內心就會感到滿足。我們都以為，就經濟學的框架來看，理性選擇是關注自己的利益就好。但就連經濟學之父也明白，許多人生目標與當事人無關；就算是出於自利的動機，也是因為我們在乎他人的命運。在接下來的章節中，我們會探討許多利他的妄想。

## 威廉·詹姆斯：宗教體驗的助益

理性選擇論基於一個假設：人會根據自己的信念行事。不過，在什麼條件下，我們才得以相信某事，並且深信不疑。英國數學家克利福德（William Clifford）和美國心理學家威廉·詹姆斯（William James）為此展開了有名的辯論。一八七七年，克利福德發表了一篇論文，名為〈信念的倫理〉（The Ethics of Belief），內容呈現了他的懷疑論立場：「不管是誰、無論在何時何地，只要沒有充分證據，就不該去相信任何事情。」[16] 舉例來說，有艘船載滿了移民要前往新大陸，但它年代久遠，所以船東對此程感到憂慮和不安。但他決定忽略這些令人困擾的想法。於是，船離開港口時，船東感到有些寬慰：

**他滿心歡喜地看著那艘船，並祝福要前往新世界的流亡者。結果，那艘船開到一半沉沒了，還沒有任何生還者。船東因此得到了保險理賠金，並絕口不提他先前對那艘船的擔憂。**

克利福德認為，即使該船平安到達目的地，船東的行為仍然是不道德的；也就是說，航行的結果不是道德判準。人必須有充分的理由，才能相信某事。

克利福德更進一步地指出，哪怕是純屬於個人的信念，也必須找到相關的證據，否則就是不道德的。雖然他從未說出口，也不會因此而付諸行動，但光是相信它，就會讓他往後更容易輕信其他事情：

**這對社會的危害很深，大眾會因此誤信許多事情，更嚴重的是，我們會失去求知的精神，不再一一檢驗和探究事物的真相。最終，社會將因此回到野蠻狀態。**

克利福德的立場是極端的證據主義：有證據支持，才是符合道德的信念；若缺乏相關資訊，就有義務去進行檢驗和探究。因此，他對於宗教信仰的看法也很清楚。他引用美國詩人柯立芝（Samuel Taylor Coleridge）的詩文來闡述自己的立場：

**若你愛基督教勝過真理，接下來你就會拋棄這個宗教，只愛自己的教派、教會，最後你就會只愛自己。**[17]

十九年後，美國心理學家詹姆斯回應了克利福德的論文。他在耶魯大學發表一場演講，主題是「信念的意志」（The Will to Believe）。[18] 詹姆斯是理性主義者，他在很多方面都同意克利福德的觀點，但認為對方的表達方式「過於激烈而驚世駭俗」。兩人都同意，理性選擇論是思考的基礎，但詹姆斯想在其中鑿一個小洞，好讓上帝能穿過去。為此，詹姆斯列出了三項特殊條件，好讓「情感也能決定信念」。換句話說，他想要修補從欲望到信念的斷裂箭頭。這三項條件是：

- 懸而未決的議題：這件事還沒定論，要相信、忽略或反對都是可以的，比方說要成為基督徒或不可知論者。
- 迫切而無法避免的問題：要趕緊找到頭緒，不能等到日後再來處理。
- 重大的狀況：有明顯的利害關係，你只能選擇否認或相信它。

許多十九世紀的人並不把上帝存在當作可討論的議題，但對詹姆斯而言，這就是個開放性的問題。此外，這問題也不能拖，因為它牽涉到太多的利害關係。詹姆斯還引用了法國數學家巴斯卡在兩百年前所提出的論點。

巴斯卡認為，信仰基督教是不錯的選擇。「上天堂、獲得永生」是至高無上的報酬，因此，如果你違背基督教的信條而無法上天堂，那就虧大了。相比之下，若你此生認真遵守教理，死後卻發現天堂並不存在，那也沒什麼損失。

但詹姆斯支持巴斯卡的論點，但認為其中有個漏洞，即上帝也許並不樂見信徒把信仰當成個人利益的算計。總之，只要滿足上述那三個條件，從情感來建立信念就是可接受的。詹姆斯與克利福德的最大差別在於，前者認為由情感而建立起的信念可以填補理性的空白。正如巴斯卡所言：「情感上的理由是理性無法理解的。」[19]

詹姆斯在他那個時代是位非同尋常的學者。瑪麗・卡爾金斯（Mary Calkins）於史密斯學院畢業後，想要進入哈佛大學攻讀心理學的博士學位，但因她是女性，所以校方拒絕她的入學申請。詹姆斯因此請卡爾金斯到他的課堂上聽講，雖然她沒有拿到學位，但她在課堂上的成績與論文都非常卓越。後來她成為美國心理學會的第一位女性主席。[20]

此外，詹姆斯不畏懼世俗眼光，敢用科學方法去研究有爭議的議題。在宗教信仰和科學懷疑論這兩種對立的教條之間，他選擇保持彈性。他長期對超自然現象抱有興趣，也相信人死後有靈魂。詹姆斯是心靈研究學會（Society for Psychical Research）美國分會的創始人和副會長，也參加過靈媒舉辦的通靈大會，還曾經抓到許多騙子。他對波士頓著名的通靈人派珀（Leonora Piper）特別感興趣，並堅信她真的擁有超能力。在發表了「信念的意志」五年後，詹姆斯開設了一系列講座，其內容後來集結出版成他最著名的著作：《宗教經驗之種種：人性的探究》。詹姆斯指出，許多科學家都不想研究宗教體驗，但其實它與人性一樣值得研究。然而，他的學生、哲學家桑塔雅那（George Santayana）認為這本書「破壞真理的價值，還鼓吹迷信以及沒有理據的信仰」。[21]

克利福德和詹姆斯代表兩種研究取向。他們都是理性主義者，要透過研究和證據來看世界。儘管詹姆斯對靈學充滿熱情，但美國最早的心理學實驗室是他在哈佛創立的。[22]克利福德強調證據至上，詹姆斯則主張，即使沒有充足的證據，還是可以去相信某些「懸而未決的議題」，包括宗教信仰。他認為「一廂情願」也無妨，但許多心理學家和哲學家會認為那是不理性的。

在接下來的章節中，我們會再提到，克利福德和詹姆斯也有共同點。例如，他們應該會同意比例偏見是一種錯誤的信念和妄想，畢竟，有意識地去挑選獲勝率較低的選項，那實在太愚蠢了。然而，詹姆斯會接受的信念，我認為有些缺乏證據、有些則違反現有的科學理論。本書要討論的妄想，不光是一些執念或一廂情願的想法，而是對生活有所助益的假信念。

## 水果甜不甜，只有吃了才知道

本書原文的副標題「有時不理性才是最理性的選擇」念起來很饒口，但它準確地描述了本書的核心觀點。後面所談論到的妄想，也許不符合理性選擇論的標準，但卻是合理的，因為它們達成一項重要的目標。心理學家喬納森・拜倫（Jonathan Baron）解釋道：

只要有助於實現目標，都是好的思考方式，也就是理性思考。若依據邏輯規則，人就能獲得永恆的幸福，那邏輯就是理性思考。另一方面，在人生的轉折點上，若一些矛盾的想法能讓人獲得永恆的幸福，那它們也屬於理性思考。[23]

這個觀點與詹姆斯、查爾斯・皮爾斯（Charles S. Peirce）等實用主義者的哲學觀點一致：證據就在實踐中。詹姆斯說道：

如果有更好的生活方式值得去實踐，如果有信念可以幫助我們去實現那種生活方式，那麼相信它就對了。[24]

詹姆斯始終在關注宗教信仰，並強調它的實用價值，以回應那些「堅持理性的」哲學家，實證主義者、唯物論者和無神論者。同樣地，本書後續將提到的妄想不一定對所有人都有效。例如，許多人非常深愛自己的伴侶，但當悲劇發生時，他們並不會（也無法）像蘇珊和蒂蒂安一樣帶著幻想過活。每個人處理悲傷的方式都不一樣，但有益的妄想是絕對需要的。接下來我們將探究的妄想都有實用價值，所以也有合理的一面。

以下章節所舉出的有益妄想，當然還不夠詳盡，只是我認為較為重要、而有價值的念頭。有些確實很荒謬又不合理，但卻是人性中不可或缺的。

# 2

# 不失控的正向思考

**每個一百七十公分高的人都會打從心裡以爲自己有一百七十五公分高。**

——@evepeyser的推特文[1]

我讀大二的時候，為了滿足了通識課程的學分要求，選修了傳播學系的入門課。這門課有完整的課綱和教材，但助教不管哪些，而是請同學組成「會心團體」(encounter group)。在我念大學的七〇年代初期，會心團體風靡一時。一九六九年，《探索自我的歷程》(Journey Into Self)獲得了奧斯卡最佳紀錄片獎。在片中，八名成年人組成會心團體，並由兩位心理學家卡爾・羅傑斯（Carl Rogers）和理查德・法森（Richard Farson）來帶領。法森後來成為伊薩倫研究所（Esalen Institute）的主席，該地是人類潛能運動（Human Potential Movemen）的重鎮，也是當時各種心理學派的交流地。[2]羅傑斯是人本主義心理學大師，也致力於推廣會心團體。

影片中的八名成員以前從未見過面，但在這十六個小時內，他們圍成一圈坐在一起，喝咖啡、抽菸，分享了彼此最私密的想法和感受。期間，有位亞裔女性大喊：「我不想成為一朵該死的蓮花！我是真實的人！」禿頭、戴著眼鏡的羅傑斯以冷靜和慈祥的態度引導參與者，過程中，眾人不時落淚，甚至連羅傑斯也哭了出來。這部紀錄片非常感人，觀眾看完後會覺得，這八個人相處的這段時間裡，彼此都有所改變了。

當時同學們對助教所提出的「會心團體」一無所知，但都同意試試看。我猜想大家是在盤算，這樣考試和作業就可以少一點了（確實也是如此）。後來有同學推測，助教是把這個團體活動當成他博士論文的題材。我已經記不太清楚活動的過程與細節了，只記得我帶頭表示抗議，還找一些同學在校外開會，表達彼此的不滿。後來，我們在課堂上反映這些問題，那位助教不僅沒有生氣，甚至還無法掩飾他的喜悅之情。下次上課時，他興高采烈地在講台上揮舞著一篇論文，說他在事前已經預料到，在會心團體中，一定會有人私下搞小圈圈。他的反應讓我們更加確定：同學們是他的研究對象。

## 「我的未來不是夢」

在《探索自我的歷程》影片中，成員們要思考這兩個問題：

1. 做自己是什麼感覺？
2. 其他人做自己時，會帶給別人什麼樣的感覺？

從這個問題我們能看到，會心團體最重要的目標，在於讓成員們深入了解自己。羅傑斯相信，運作順利的話，成員們就能放下戒心，向彼此分享自己最真實的想法和感受。他們更能認識自己，生活中的各項表現也會更好。[3]這聽起來很有道理，但不一定有實際的效用。

在當時，會心團體蔚為風潮，就像喇叭褲和迪斯可音樂一樣。羅傑斯所採用的人本主義治療法，對臨床心理學產生了深遠的影響。現代人對於心理治療師的刻板印象，大多來自於羅傑斯的名言：「那件事讓你有什麼感覺？」到了一九八〇年代，隨著社會心理學和認知心理學的發展，心理治療的取向也改變了。學界出現了不同的聲音，要挑戰這條金科玉律：清楚地認識自己是治療心病的良方。

在一篇經典文章中，心理學家雪莉・泰勒（Shelley Taylor）和強納森・布朗（Jonathan Brown）發現，大多數人每天都會欺騙自己一些事，但這是有好處的。[4]而且他們認為會心團體的作用不大。泰勒和布朗區分了三種自我膨脹：

**1. 對自己有不切實際的正面看法。**

**2. 相信自己對許多事情的掌控力比實際上還強。**

### 3. 對自己的未來過度樂觀。[5]

「我很厲害」，第一種自我膨脹很普遍，有時也被稱為「烏比岡湖效應」（Lake Wobegon effect）。大部分人都認為自己的生活表現高於世人的平均值。在一九八〇年一項著名的研究中，百分之八十七點五的美國人認為，他們的開車技術比一般人好。[6]這當然是不可能是真的。更不要說，還有百分六十的受訪者說，自己的技術可以排進全國前五分之一的人（這當然也不是真的）。附帶一提，瑞典人比較謙虛，「只有」百分七十七的人認為自己開車技術不錯。

在另一項研究中，研究人員請大學生評估自己受歡迎的程度，有一些人說自己的朋友數量低於平均數，相較之下，有一點五倍的學生認為自己的朋友數高於平均數。同樣地，有一些人說自己朋友少，但相較之下，有三倍的學生說自己的人緣很好。[7]這些自我評估在現實上都不可能為真。事實上，基於「友誼悖論」（the friendship paradox），你的朋友們所擁有的平均朋友數，往往比你自己的朋友數還多。除非你人緣超級好，否則基於一種數學上的特殊現象，[8]你的朋友確實會比你擁有更多的朋友。然而，我們的感受卻往往是相反的。

「我能掌控」，賭徒或是迷信都有這種心理狀態，稱做「掌控妄想」（the illusion of control）。人類都渴望能掌控全局，然而生活中許多重要的事情超出自己的能力範圍，無法像我們所期望的那樣發展。健康就是一例。大家都有這種經驗，身邊有些活力滿點的朋友突然被重病襲擊。《跑步全書》（*The Complete Book of Running*）的作者吉姆・菲克斯（Jim Fixx）就是在跑步時突然心臟病發作，享年五十二歲。[9]我們都希望加薪、找到夢中情人、組個美滿的家庭，但沒有人可以保證它們會成真。

當然，採取行動的確能增加成功的機會，也能讓自己感受到一點點的控制權。在一項著名的研究中，實驗者找來大學生，告知他們要進行「念力實驗」。[10]每一回合有兩名參與者，一個擲骰子，另一個從旁觀察。當然，他們沒有特異功能，不可能影響骰子隨機出現的點數。但比起觀察者，擲骰子的人會覺得自己有機會掌控結果（雖然這是一種妄想）。由此可知，我們都會相信自己對於不可控制的事物有一些影響力。

「你的未來不是夢。」我的孩子在成長過程中，一直要聽我說這些勵志小語，聽得都厭煩了。這個討人厭的父親還常常說：「想實現目標，你要花費的心力，一定超乎你的想像。」

人們總是對未來有不切實際的樂觀看法：我會越來越健康、考上好學校、得到好工作並擁有美好的生活。[11]比起其他人的前途以及客觀的預測，人們都相信自己的未來會更好。[12]這些妄想不是憑空而來的白日夢，也有一定的現實基礎，包括我們訂下的種種計畫。但就審慎的評估標準來看，我們都過於樂觀了。

## 自利性偏差：成功都是我的功勞

當然，我們都應該用樂觀的態度面對生活；保持好心情，想望美好的未來，生活會更加愉快。若是顛倒過來，心情就會很低落。相信自己的生活比別人好一點，心裡也比較好過。

不過，一旦想保持樂觀、維持愉快的前景，許多錯誤的推論就會自然出現，包括偏見和捷思法。最常見的偏見來自於誤認成功和失敗的原因。取得好成果時，我們樂於接受讚美。拿到好成績的大學生心裡會想：「看吧！我付出了許多努力，我的確有做學術工作的潛力。」但成績不好時，就會在心裡怪東怪西的：「考試前我剛好感冒了，而且室友音樂放得很大聲，害我睡不好。」這就是所謂的自利性偏差（self-serving bias）：成功是自己的功勞，而失敗都是外部因素造成的。[13]

對於外界的正面和負面評價，我們的心態也不一樣。大多數人都喜歡得到讚美，而忽視他人的批評。若有人花時間去處理負面評價，也只是為了去分析它的錯誤，以減少它的殺傷力。但對於正面評價，我們就會全盤接收。同樣地，在回顧過去時，我們只記得好事，但那些失敗的時刻就全忘了。與他人比較成就時，也會找比自己做得差的人。[14]最後，每個人都相信自己的未來會比別人好。[15]

但有時我們不會如此高估自己。例如，在團隊工作的環境中，我們比較清楚自己的社會地位和人緣好壞，所以比較不會自我膨脹。[16]在約瑟夫・海勒（Joseph Heller）的小說《出了毛病》（*Something Happened*）中，主人公鮑伯鉅細靡遺地觀察辦公室裡的人際關係：

> 辦公室裡有五個人令我感到很害怕，但他們又各自害怕另外四個人（扣除掉重複的部分），總計為二十人。而這二十個人又各自害怕六個人，總計為一百二十人。這

一百二十個人都有人討厭，而他們也都害怕自己以外的一百一十九個人。最後，這一百四十五個人都害怕十二個男人：他們是這間公司的創辦人、持有人與領導人。[17]

只要缺乏他人即時的評價，我們就容易陷入自我膨脹的安慰心態。

## 鄧寧─克魯格爾效應：過度樂觀的缺點

人們總是太過樂觀，認為自己能掌控事情的發展，對未來也有過高的期望。這樣的樂觀主義有好有壞，但有時會導致災難性的後果。在二〇〇八年，有些銀行家相信自己能操控不穩定的抵押貸款，而許多購屋族相信自己能支付貸款，結果造成了金融海嘯。他們會這麼有信心，是因為房地產市場好幾年來都在強勁增長。在這種高風險的樂觀主義下，美國的失業率來到雙位數；自從一九三〇的經濟大蕭條以來，美國的經濟沒有這麼壞過，而恢復期會非常漫長。

除此之外，好幾位美國總統在發動戰爭時，都以為很快就會獲勝，結果打了好幾年，越戰和阿富汗戰爭更是以失敗告終。[18]歷史上，在十字軍東征期間，基督教聯軍也相信上帝會帶領他們獲得勝利，結果只是自取其辱。[19]

心理學家大衛・鄧寧（David Dunning）和賈斯汀・克魯格爾（Justin Kruger）發現了人類的過度自信效應。不過，我們要談的不是天生就自信爆棚的人。鄧寧—克魯格爾效應指的是，表現差的人反而會對自己的能力太有信心。研究顯示，在成績公布前，成績最低的學生總自認為自己會排名在中段，好學生反而會略微低估自己的表現。[20]

同樣地，大家都說眼見為憑，但我們所相信的事物經常不是如此。幾十年來，學界廣泛研究了目擊證人的準確性，並得出了兩項重要結論。首先，證詞經常錯誤百出。以前，心理學教授都喜歡在上第一堂課時搞些小花樣。課上到一半時，會突然有人闖進教室，對著教授和學生胡亂喊叫，甚至還會扔東西，然後逃跑。幾分鐘後，教授會問學生，剛剛那位不速之客戴什麼顏色的帽子、手裡拿著什麼、又說了些什麼話。通常學生都記不太清楚。因此，雖然目擊證人能影響陪審團的判斷，但他們是出了名的不可靠。

第二點是，目擊證人的自信度與其證詞的準確性無關。[21]有些證人會指著被告說：「我百分之百肯定他就是兇手。」研究顯示，陪審團很容易被這種話所影響，但他們不該如此。研究人員檢視了二百五十件被ＤＮＡ證據所推翻的案例，他們發現其中有百分之七十都出現了自信過頭的證人。[22]

心理學家康納曼說，他最想消除掉的人類缺點就是「過度自信」（overconfidence）。[23]在當時，阿富汗戰爭已進行了十四年，而人民都還記得金融海嘯的慘況。毫無疑問，每個人都應該評估，犯錯會導致的災難有多嚴重。不過，證據顯示，在日常生活中，過度自信的益處其實不少。

從憂鬱現實主義（depressive realism）的案例中，研究人員發現一些正面的例子。這種妄想能夠幫助人們熬過難關。證據顯示，憂鬱的人對世界的看法比較實在，一般人反而有不合理的樂觀。前者雖然心情陰暗，但還比較能踏實地看待自己的處境。在某項實驗中，研究人員請這兩種人來按按鈕以打開電燈。每次按下鈕按後，電燈不一定會亮，但可以提升點亮的機率（但受試者不知道）。有時，受試者沒有按電燈就會亮。

在某次實驗中，點亮的機率只有百分之二十五，而自動點亮的機率也是百分之二十五。實驗結束後，受試者要評估自己對於亮燈的控制度。輕度憂鬱的人比較準確，而一般人大大高估了自己的能耐。這就是憂鬱現實主義，雖然心情比較悲傷，但卻也較為明智。[24]儘管該研究僅代表情緒和準確性的關聯，但我們也可看出樂觀態度是心理健康的要件，而會心團體成員的現實感則不一定有益。

## 創業的人總是太樂觀

危險的樂觀態度也常出現在創業的人身上。根據報告，在美國只有一半小型企業能存活超過五年。[25]只要在某地住得夠久，就可以見證到做生意適者生存的一面。有些店家無法存活下來的原因顯而易見。在我居住的小鎮上，有家餐廳錯估了居民的口味和消費力，另外還有幾家名產店的商品都是高單價的，但小鎮沒有這麼多遊客。每一間關門的店家都是美國夢的破碎。滿懷希望的創業者投入了所有的心力，即使生意上軌道，也不一定能賺錢。研究顯示，相較於去當上班族，自行創業的人平均會少賺百分之三十五。[26]

創業者有兩種過度自信的表現：對未來前景的太樂觀，以及對自己的技能太有自信。[27]創業失敗的悲慘數據大家都知道，就算能力合格，創業者的過度自信也會釀成大禍。在一項研究中，實驗者請商學院的學生們玩桌遊；遊戲中，他們要面對已知的競爭者，並評估自己是否要創業。這個遊戲不考慮運氣，只以參與者的技能為賺錢的條件。結果學生都高估了自己的能力，也看扁其他的競爭者。[28]他們認為對方賺不到錢，而自己一定會成功。同樣地，在一項跨國研究中，研究人員發現，創業者最明顯的特徵是對自己的專業技能有信心。但可惜的是，不管在哪個國家，創業者的自信心與事業成功沒什麼關聯。[29]

創業有很多種風險，一不小心還會傾家蕩產。而且，某些決策需要一段時間才會知道結果。房屋抵押貸款也是類似的賭博行為，你得相信自己未來十幾年會有穩定的收入。這種賭博表面上看來合法又合理，畢竟你是拿自己的房子做擔保，但我們在金融海嘯時看到，若房價一下跌，屋主的債務就會如雪球般越滾越大。

康納曼和特沃斯基在另一篇文章中進一步談到，也許有方法能消除過度自信。[30]創業、發動戰爭或購屋等決策都有某些共同特徵。首先，這是一個單向的過程，下決定後就很難回頭了。決策實行後，還要一段時間才能看到結果，甚至可能要好幾年的時間，才能得知當初的評估是否正確。最後，每個決策都有巨大的風險，如經濟上的損失或數萬人死於戰場上。

康納曼與特沃斯基體認到，在設定目標或創業時，過度自信是很危險的。可惜的是，下決定的那一刻我們總是太樂觀；人性本有的錯誤推論和偏見，只會讓我們記住成功、忘記失敗。因此，我們自以為的預測能力，往往只是樂觀而沒有建設性的錯覺而已。

## 球場上的拚勁

康納曼與特沃斯基也觀察到，在做完決策、開始行動後，樂觀態度會繼續推動我們前進。在日常各領域中，過度自信是人們邁向百尺竿頭的動力。舉例來說，自信滿滿的運動員比較能保持在最佳狀態，並給對手帶來威脅。一般來說，在籃球場上，如果落後的一方在比賽結束前三十秒還落後對手二十分，那應該是很難追平，就算是籃球之神也救不回來。但是，只要維持過度自信的精神，球隊就還能維持士氣。

在漫長的比賽中，信心和面對逆境的韌性非常重要。在二〇一六年，波士頓紅襪隊的球星大衛・歐提茲（David Ortiz）即將引退，我設法弄到了一張門票，去觀看紅襪隊和洋基隊的比賽。[31]前幾局打完時，洋基以五比一領先紅襪。到了第八局，紅襪扳回一分。最後一局時，比分是五比二，大多數球迷已經離開球場。幸運的是（或者說樂觀的是），九局下半，紅襪隊藉由奧提茲和隊友穆基・貝茨（Mookie Betts）的一壘安打又得到了兩分。最後，在兩出局和兩名跑者在壘的情況下，漢利・拉米雷斯（Hanley Ramirez）

擊出了一記四百四十一英尺遠的中外野全壘打，紅襪便以七比五贏得了比賽。比賽結束時我看了一下周圍，只剩下少數的球迷，但是大家都非常開心。狂熱的棒球迷都看過這種逆轉勝的比賽；顯然，球員們從未放棄。

網球比賽也是。在一九八四年的法國網球公開賽的決賽中，伊凡・藍道（Ivan Lendl）對陣約翰・馬克安諾（John McEnroe）。一開始藍道被修理得很慘，輸掉了前兩盤，但之後賽事大逆轉，藍道贏了接下來的三盤。這是藍道的第一個大滿貫冠軍，而世界排名第一的馬克安諾已經贏得兩個溫布頓和三個美國公開賽冠軍。[32]

因為棒球比賽並沒有時間限制，直到最後一個出局之前都還有機會贏得比賽。打最久的棒球比賽出現在小聯盟。一九八一年四月十八日晚間開打，一直到四月十九日才結束，比賽總共進行了八小時又二十五分鐘，最後，波塔基特紅襪隊在第三十三局下半以三比二擊敗了羅德斯特紅翼隊。[33]雙方球員都非常煎熬。紅翼隊的捕手總共蹲捕了二十五局，上場打擊十一次。

在網球比賽中，除非對手拿下三盤（男子組）或二盤（女子組），否則最終輸贏還很難說。保持信心，球隊或球員就能抓住轉機。「只要破了他的發球局就有希望，一局一局拿下就好。」藍道當年如此說道。[34]

## 運動員要能騙過自己

我打撲克牌的技術很差。多年來，我常常和好朋友一起玩牌，彼此都知道誰是高手誰是肉腳。幸運的是，我們的賭注很低（第一次下注五分錢；後續下注上限是二十五分錢），因此每回合贏家最多只會贏到二十塊美金，但不會輸超過五塊美金。

我不擅長撒謊，所以我牌打得不好。除了運氣外，玩牌還要懂得運用多種策略，包括虛張聲勢，所以當你拿到爛牌時，還是可以吹噓自己有一手好牌。你也可以加注賭金，恐嚇一下對手。在理想情況下，其他玩家就會放棄這一回合，最後才知道是你是拿了一手爛牌。

在日常生活中，我們常常遇到說謊的人。商品廣告不實、政客撒謊、孩子會騙父母（或是反過來）。但證據顯示，謊言是很難以拆穿的，所以詐騙人士才這麼多[35]。《騙局：為什麼聰明人容易上當？》的作者柯妮可娃（Maria Konnikova）是位心理學家，也是職業撲克牌選手，她對說謊就有獨到的見解。[36]

撒謊是合理的行為。撒謊者當然知道真相，但為了自己的利益所以才滿口謊話。大家都不喜歡說謊，也不喜歡被騙，但有些人不在乎自己的形象、只為了達成目的，那說謊便有意義且合理。事實上，其他生物也會說謊；有些動物會用保護色來躲避捕食者，而松鼠會挖掘和覆蓋空洞，讓其他動物以為裡面有糧食。[37]人類有理性和制定計劃的能力，考慮潛在成本和收益後，說謊和隱瞞事實就是合理的決定，而不是在自欺欺人。

說謊的困難之處在於很難做到完美。家人和朋友都熟悉我們的把戲，所以有辦法察覺出異狀。而且，社會化的人都會對說謊感到內疚，所以語調和肢體語言會透露出當下的不安。比如說，你不敢跟他人有眼神接觸、邊說話邊摸自己的頭髮、提高音調或語速等。最後，說謊者必須記住自己講過的謊話，還得創造出一個完整又複雜的故事，才能自圓其說。大多數人都不擅長看破他人的謊言，但說謊的風險的確很高。除非你是不知廉恥、常常自欺欺人的反社會人士，不然很難成為優秀的說謊者。

不過，懷著毫無根據的樂觀心態去相信自己的吹牛，是有許多好處的。生物學家羅伯特・泰弗士（Robert Trivers）認為，就人性上來說，懂得自欺欺人，才能有效騙到別人。[38]過度自信的運動員就是個好例子。表現出自信的態度（但不要裝腔作勢或打腫臉充胖子），不管面對到多大的困難，都要相信自己會成功。你的信心可能沒什麼根據，但只要是真心相信它，就不算是對自己說謊。當下，你是在幻想的情境中去展開行動。泰弗士說，表現你的信心，相信自己真的能贏，你才能嚇到對手，而他才不會察覺到你的弱點。相信自己的謊言，你的言行才有說服力；有自信的人不會洩漏自己的弱點，讓對手抓到把柄。[39]

不少網球選手會在犯下失誤時大發脾氣，有時還會遷怒到球拍或裁判身上。許多球評都認為，運動員生氣時能「激發潛能」，好提醒自己更加努力，但相關研究並不支持這種觀點。特別是在個人項目中，負面情緒與較差的表現有關，而自信心則是獲勝的關鍵因子。[40] 球評沒有考慮生氣對球員自己的影響。比賽陷入僵局時，只要看到對手暴怒，自己便會更有信心。因此，若想要展現威嚇力，應該要表現你必勝的決心，即使你犯下失誤或處於落後。《陰屍路》裡的殭屍和《魔鬼終結者》的半機械人會令人恐懼，是因為無論你對它們做什麼，它們總是堅定地不斷靠近你。

「相信自己」、展現強硬的形象有各種好處。但不要裝模作樣，如果你內心還很脆弱，就會有認知失調（cognitive dissonance）的問題。心理學家表明，個人的行為與價值觀或信念發生衝突時，當事人就會改變信念，以減低不適感。為了證明這一點，心理學家付錢請受試者來玩一個無聊的遊戲，並請他們告訴後面的受試者，這個遊戲非常有趣。有些受試者拿到少量的報酬，有些拿的較多。事後統計，拿到少量報酬的人都說，這個遊戲還蠻有趣的。[41]

一開始，拿到少錢的受試者要講出違心之論，因此產生了認知失調。但對於拿到多錢的受試者來說，說謊的回報不錯，所以認知失調感降低了。前者為了消除內心的衝突，只好告訴自己：「好吧，這其實也蠻有趣的。」依此來看，面對遠大的目標，若想減低認知失調，那就要改變自己的信念，認真告訴自己：「我做得到！」但如果認知失調感還很重，那就會有反效果。

## 自信在工作場合的功用

在現今的服務經濟（service economy）中，許多從業人員會為了顧客和雇主的要求而強顏歡笑，也就是所謂的情緒勞動（emotional labor）。研究顯示，這些「表層演出」會令員工身心疲憊、對工作充滿怨懟。[42]對於誠實又正直的人來說，表層演出的負面效應更明顯。根據認知失調理論，改變對自己的看法，可以緩解這種內在衝突。比方說，改變工作態度，在與顧客的互動中找到樂趣，就能解決此種內在衝突，以提升心理健康。研究顯示，顧客大多能察覺工作人員的虛假情感，而後者也會覺得不自在，與顧客的互動就更不愉快了。

在刻意假裝和完全的幻想間，其實有某些中間地帶。有個夏天，我在一家工廠打工，那裡專門製造與組裝體育館的看台。那些鋼材覆蓋著厚厚的碳粉，每天晚上我回到家時，鼻子都沾滿了灰煤塵，而且雙手永遠洗不乾淨。我來自中產階級家庭，只是趁著暑假打工賺點錢。有許多正式員工與我年紀相近，來自郊區的貧困農村。那時我才剛上大學，但講話已比較像都市人，而同事們講話則充滿在地的腔調以及口吻。我喜歡這份工作，但也知道自己在工廠中是少數族群，所以想要融入他們。

我開始學習他們的說話方式。這就是所謂的語碼轉換（code switching）。我學會拉長某些尾音，還模仿他們常用的句型。回家後我就會轉為本來的說話方式。這對我的工作有許多助益。我的說話風格變了，但沒人特別提出來，跟同事相處時，我也感到更自在了。我扮演一個不屬於自己的角色，但那副模樣很適合工廠的環境，工作也更順利了。

扮演勞工不算是情緒勞動，透過語碼轉換，我就比較不會跟其他同事起衝突。同樣地，研究發現，心態上較為健康的空服員，都能夠調節自己的情緒。[43]他們對所有乘客都表現出友好與善意，但不會主動關心對方的狀況，除非後者有所表示。無論工作環境是否有足夠的支持資源，這種適應力都可降低員工的挫折感。

泰弗士的理論表明，在競爭的環境中，「過度自信」能帶來正面效益，但你必須打從心裡保持樂觀。沒有人想成為反社會者、殭屍或魔鬼終結者，但在運動賽事和商業活動中，保持雄心壯志和大膽的樂觀態度、不輕易暴露出自己的弱點，成功機會就比較高。

證據顯示，在社交環境中，過度自信有很多好處。企業家保持自信，遇到挫折時就能更有韌性，繼續開展第二春；他們也能吸引更多忠誠和熱情的工作夥伴。[44]過度自信的人，社交地位也比較高，就算實際的表現不如預期，也比較不會受到大家責怪，地位也不太會動搖。

在某項實驗中，研究人員請受試者回答一些常識問題，有時是獨自回答，有時與其他人一起作答。[45]一段時間後，小組成員私下評估了彼此的地位、影響力和領導力。果然，較有自信的受試者地位較高。接下來，研究人員公布了每位參與者獨自作答的成績，於是一些自信過頭的受試者就被看破手腳。但令人驚訝的是，在隨後的保密評比中，其他的受試者仍然很讚賞吹牛的那些人。由此可知，過度自信是有用的，在群體中，它與實際表現同樣重要。

德國的研究人員進一步檢驗泰弗士的理論。他們請受試者參加模擬的求職面試。在實驗前，有一些受試者先填了問卷，並因此相信自己的智商比競爭者高，而信心也提升了。[46]然後，扮演雇主的人出場，若受試者能說服雇主，自己比其他人優秀，就能得到一筆獎金。結果，自以為智商高的受試者，的確表現也比較佳。研究人員得出結論，說服力是成功的條件，而過度自信可以讓表現加成。用馬克．吐溫的話來說：「唯有成功欺騙自己，才可能順利騙到別人。」

## 求職時勇敢提出高一點的待遇

過度自信有個絕佳的好處，就是能帶來動力。企業家正是有夢想，所以才會創業。誠然，生意會失敗，但如果沒有一點的狂妄，那麼創新精神就會凋零，社會與經濟就會停滯不前。政府為了鼓勵有冒險精神的創業者，會制定出保護措施。許多國家都制定法律來縮限企業主的財務責任，宣告破產的話，也可逃脫債權人的追殺。（美國有位總統在自己的房地產事業中就幹過這件事）。[47]唯有相信自己的能力比表面上的學經歷更出色，才會有勇氣開餐廳、蓋房子、考研究所、參加馬拉松或寫書。

過度自信可以創造動力，這不光是猜測，而是有科學家證實的。德國的研究人員找來一些活潑的大學生來進行一項有趣的感官實驗。[48]首先，研究人員在電腦螢幕上顯示出十一條水平線，稱之為「滑桿」，其兩端標記為0和100（見圖2.1）。受試者的任務是使用滑鼠，將指針移動到中心。每一位受試者只有五十五秒的時間，還必須在二十個電腦螢幕上完成任務。重要的是，除了滑桿兩端標有0和100之外，受試者無法得知是否真的準確移到中間，只能靠視覺去判斷。此外，每一個滑桿若放對，就可以獲得五美分的報酬。

完成任務後，受試者要評估自己的表現。[49]接下來便是這項實驗的重點。有一半的受試者可以看成績，但另一半的受試者沒有。也就是說，有一半的人其自信心泡泡被戳破了，但另一半的人依然相信自己很棒。讓受試者看到分數，是為了去除他們的偏見和過度自信，讓他們對自己的能力看法更準確。

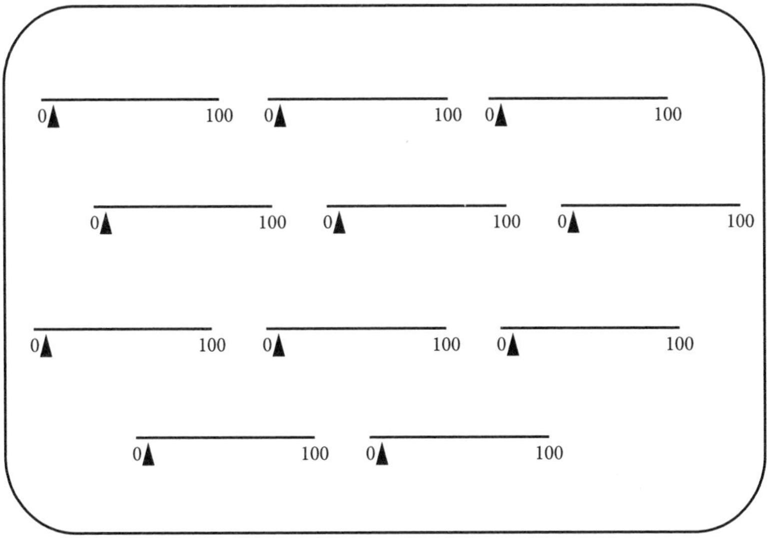


**圖2.1** 滑桿實驗的電腦螢幕。受試者必須在五十五秒內用滑鼠將指針放在滑桿的中心點。每個螢幕有十一個滑桿，一共要操作二十個螢幕。

自評後，受試者要再挑戰一次滑桿任務，規則跟前次一樣，但差別在於可以棄賽。結果，在第二輪的任務中，被戳破自信心而去除偏見的受試者所完成的螢幕數量少了百分之十九，指針放置的準確度也下降許多。至於仍舊過度自信的受試者，表現則跟第一輪的情況差不多。

因此，實驗證明我們長期以來的推測：過度自信可以創造動力。在工作環境中，保持自信心，就能維護工作的品質。順道一提，德國研究人員很容易就能找到過度自信的大學生來參與實驗。他們還發現，在實驗前的自評中，有九成以上的人深信自己能放對指針的位置。

這類妄想對個人有益，也可以稱為「威廉．詹姆斯式的實用信念」，也就是說，這些信念的價值不在於真假，而是在於能帶來更好的結果。挪威經濟學家赫韋德（Hans Hvide）觀察到，過度自信的求職者談成的薪水也比較高。[50]

舉例來說，蘇珊去兩家公司面試，但兩家都只提供一次考慮的機會。蘇珊如果拒絕A公司的話，就只能去B公司上班，否則她就得繼續找其他工作。

假設A公司準確地評估了蘇珊對公司的價值，也了解勞動市場的行情，並預估蘇珊去B公司會拿到三萬月薪。（不過，勞動市場有其隨機性，所以蘇珊的月薪可能會比三萬高或低一點點。）另一方面，蘇珊對勞動市場沒什麼研究，她猜測自己對A公司很有價值，以及B公司應該只會給她三萬。

假設A公司充分了解蘇珊的工作能力，而蘇珊也沒有過度自信。這時，只要她對A公司的價值大於每月三萬，那後者只要每月付三萬，就可以請到蘇珊。但是，若A公司認為蘇珊對公司的價值低於三萬，那就會提出更低的條件，而蘇珊便會拒絕，冒險去和

B公司交涉。

換個角度。如果蘇珊過度自信，認為自己的薪資應該有三萬五，而且這個數字還低於A公司對她的評價。這時A公司最好給蘇珊三萬五，否則她就會去找別的工作。當然，過度自信所帶來的好處是有限的。如果蘇珊嚴重高估自己的能力，認為自己值得領五萬，那她就會被A公司拒絕，並被迫去接受B公司的報價，或繼續尋找其他工作。根據赫韋德的分析，適度的自信對蘇珊有益。基於勞動市場的隨機性，以及A公司對於蘇珊的實際評價，只要他們給蘇珊多一點薪水，就能創造雙贏的局面。

同樣地，政治學家多明尼克・強森（Dominic Johnson）和詹姆斯・福勒（James Fowler）認為，演化和競爭的壓力會使個體的自信心變強。[51]他們認為，在競爭資源、評估對手的能力時，自信心較高的個體比較會成功、並成為領導者。獲得資源後，適應力也會增強，但為了爭奪資源，雙方都必須付出一定成本。自信心較高的個體的同伴數量還會增加。就像蘇珊一樣，強森等人認為，個體並不需要欺騙其競爭對手，只要欺騙自己即可。

## 除了重大決定，生活各方面都可以保持過度自信

康納曼和特沃斯基的理論非常實用。[52]在擬定計畫或目標時，若自信過頭，就會導致災難性的後果。康納曼無疑是想到了金融海嘯的悲劇，所以想消除掉那種不切實際的樂觀。但在執行各種計畫的過程中，若能保持過度自信，就能堅持下去。

研究證據顯示，有些過度自信有用，但有些一點幫助也沒有。在滑桿實驗中，沒被戳破自信心的受試者表現得更好。運動員和企業家在面對逆境時，也是憑著過度自信才能堅持下去。有這樣的態度，我們才不會一蹶不振。實際上，生活中的重大決定並不多，在規劃有風險的活動時，保持謹慎就好了。在其他時間，你可以放心保持過度自信。以下幫大家整理危險與有益的過度自信：

不適於過度自信的情況

- 獨立、少數的個案
- 風險非常高
- 無法逆轉的事情

- 連帶有長期的義務
- 只能依靠未知或難以估計的因素去評估

可以保持過度自信的情況

- 日常、頻繁投入的活動
- 風險不高
- 依靠耐心與技能
- 後續的影響較為短暫或緩慢
- 能依據已知的事實去評估

前者的情況包括買房子、申請商業貸款、結婚和生孩子。當今社會風氣都在鼓勵大家冒險賭一把，所以產生許多問題。個人的權力越大，其過度自信所造成的損害也越大。企業家若是過度自信，不僅會危及公司的營運，還會連帶影響員工的生計。泛美航空公司成立於一九二七年，是國際航線的傳奇先驅。但是，在一系列不明智的企業合併和公司決策後，公司的財務狀況每況愈下。除了一九七〇到九〇年代的三次石油危機，一九八八年又發生洛克比空難，曾經耀眼奪目的泛美航空，終於在一九九一年宣告破產，僅在邁阿密地區就導致大約九千人失業。[53]

同樣地，在過去半個世紀裡，許多國家的領導人都沒充分考慮後果，就發動勞民傷財的戰爭。美國安全計畫（American Security Project）的高級研究員麥可・科恩（Michael Cohen）認為：「小布希重新定義了何謂差勁的外交政策。」科恩認為，伊拉克戰爭「不必要又毫無意義的」，許多美國人也這麼認為。[54]在那場戰爭中，約有六十萬軍民喪生。[55]

幸好，我們大多數人都不是大企業家或指揮官，而一些重要的決策只會出現在人生的不同階段。但既然它們對自己的人生影響深遠，因此最好三思而後行。這時，稍微悲觀不是壞事。

我有位朋友工作多年後決定重回校園攻讀法律。她在求學時期是個好學生，所以對這個決定很有信心。幾年後，她被兩所不同的法學院退學，身上背負了五萬美元的就學貸款，但是在學業上卻一無所獲。這就是過度自信的潛在危險。過去的數據顯示，身負學貸的年輕人較快達成各種美國夢（如結婚、買屋、買車），是因為他們畢業後的收入較高，還款的壓力就比較小。但近年來受到通膨的影響。沒有就學貸的年輕人更快實現這些目標。[56]

先不論以上這些重大決定。過度自信的確有助於我們挺過日常生活的難關。太誇張的自負當然很危險，但幸好現實會適時打擊我們。舉例來說，自以為天下無敵的籃球選手會一再跟隊友要球，但如果他在三分線上屢投不進，隊友們就會把球傳給其他人。同樣地，有些人只想跟外表好看又談吐佳的人約會，但他們只要多上交友網站，就應該會重新調整原本的期望。

我們有時不會立即得到這種負面反饋，所以可以繼續保持積極正向的態度。不說別人，我也自認為是聰明又成熟的作家，一定會寫出許多好書。每天起床後我都會認真寫作，內心感到很充實。反正，很長一段時間後，才會有人讀到這本書，並在網路上發現負面的評論。

# 3

# 生病時保持樂觀、健康時保持悲觀

香菸是將一小撮菸草捲在紙上，其中一端點著火，另一端則是一個笨蛋。

——英國大文豪蕭伯納

在二〇二〇年春季，當我剛開始撰寫這章節時，全球各地的人們都待在家中，戴著手套和口罩，用消毒劑擦拭收到的包裹等物品，並與他人保持一點八公尺的安全距離，以防止新型冠狀病毒的傳播。醫學界將COVID-19正式列為法定傳染病後，人們也連帶產生許多有益及無用的妄想，並對社會產生嚴重的影響。二〇二〇年二月二十八日，美國總統川普宣稱這個病毒會像奇蹟般地消失。[1]沒有疾病專家支持他的說法，而就在他發表該言論五週後，有四十萬名美國人遭到感染，其中有一萬一千人死亡。截至目前為止，最主流的專家意見是，就像季節性流感一樣，這種新型冠病毒將一直存在於人群中，只是嚴重程度會有所變化。[2]

但在這波疫情較為嚴峻的前幾個月裡，美國有許多信徒繼續上教堂；各州政府指示要避免大型群聚，但有些牧師卻聲稱耶穌會保護他們。[3]英國首相鮑里斯．強森最初保持懷疑的態度，沒有呼籲國人積極防疫。他還在一家COVID-19治療醫院與感染者握手，結果他自己確診了，被送入加護病房。

從這些例子中可以清楚看出，在新冠疫情席捲全球時，非理性的過度自信帶來了不少嚴重後果。許多醫學、流行病學和災難專家都發出了警告，但被社會大眾忽視了。在過往，布希和歐巴馬都有採取措施來預防流行病。[4]在二〇一五年，比爾・蓋茲在一場TED演講中曾提出警告，人類將面臨到的下一個重大威脅不是核子戰爭，而是一場全球性的流行性傳染病。[5]五年後，他這番話一語成讖。

在新冠疫情中，無根據的樂觀和自滿並沒有幫上忙。妄想在日常生活很有效，但只要涉及到疾病議題，就能看出哪些是無用的空想。

在新冠疫情達到高峰之際，有位朋友打算去參加家族的逾越節晚餐。他是猶太人，以前只有在守靈期間（要守護家人的遺體），才不會去參加逾越節晚餐。朋友問我說，就風險評估來看，我是否支持他去參加聚餐。

生活中有大大小小的風險。舉例來說，你開車上路，準備右轉進入車道時，朝左遠遠看到一輛休旅車。你不會想太多，只會憑直覺評估它的速度以及與你的距離，然後就決定是否要先行右轉。這其中有許多不確定性，你的輪胎可能會爆胎，或引擎突然會熄火。有經驗的駕駛人應該都能做出明智的決定。開車上路有許多風險，但大多是我們能預料到的。但在新冠疫情剛爆發時，有很多事情都是未知的。

## 比起贏，人類更不喜歡輸的感覺

經濟學家使用價值（value）和效用（utility）的概念來衡量損益。價值是表面上的利益，而效用更重要，能帶來幸福感或滿足感。在一九九三年的電影《桃色交易》中，主角勞勃．瑞福飾演一位億萬富翁，他在拉斯維加斯的賭場遇到一對年輕夫婦（由戴咪．摩爾和伍迪．哈里遜所飾演）。這位億萬富翁判斷那對夫妻一貧如洗，急需現金，於是他打算給那位丈夫一百萬美元，但這位妻子得跟他共度一夜春宵。他們最終達成了這筆交易；對於億萬富翁來說，一百萬美元與他的總財富相比微不足道，但對於那對年輕夫婦來說，一百萬美元的效益很高，可讓他們變成為百萬富翁。由此可知，效用是衡量損益的標準，而且會根據許多因素而有所不同，包括當事人的經濟水平。

為了衡量潛在的結果，經濟學家發明「預期效用」（expected utility）這個概念。一九六〇年代，諾貝爾經濟學獎得主薩穆爾森（Paul Samuelson）設計了一項簡單的賭局。拋一次硬幣，只要是正面，賭客便可獲得兩百美元，若是反面，就要賠他一百美元。他向多位經濟學家提出挑戰，但他們全都拒絕了，儘管平均結果對後者是有利的。評估這場賭局的第一步是計算其預期價值，即硬幣出現正反面的機率乘以獲得或失去金額的總和，如左圖所示：

正面0.5（機率）×200元（收益）＝獲得100元
反面0.5（機率）×100元（損失）＝損失50元
預期價值＝獲得50元

因此，這場賭局的預期價值是獲得五十美元，但對於他的同事來說，是否要接受這個賭注，考慮的是效用，而不是價值。康納曼和特沃斯基精確地觀察到，就人性來看，跟獲利相比，我們更討厭損失。從數字來看，這個賭局的預期價值是獲得五十美元，但它的效用與伴隨的感覺是負面的，比起贏得兩百美元的快樂，我們更討厭失去原本已有的一百美元。[6]

等價的獲利和損失，對人們產生的主觀感覺並不相等。除非擲出正面的獎金提高到兩百五十美元（擲出負面時不變），大家才會想玩。這麼一來，預期價值便提高到獲得七十五美元。

另外，你也可以降低輸的機率，來提升大家參賽的意願。比方說，改玩骰子遊戲，擲出其中五面（二到六點）算贏，只有一面（一點）算輸。這個遊戲的預期價值如左圖：

0.833（擲出2–6的機率）×200元＝獲得166.67元
0.167（擲出1的機率）×100元＝損失16.67元
預期價值＝獲得150元

這時，損失一百美元的機率大大降低，大家就想玩了。薩穆爾森的同事還說：「對於擲硬幣這個賭局，只要能玩上一百局，我就會參加。」當然薩穆爾森拒絕了，但覺得很困惑。其實，大家都討厭損失的感覺，會想有更多機會可以翻盤。[7]

## 疫情期間，多做不如少做

預期效用是一套理論，但它是否能應用於更複雜的日常活動？比如說，是否該在疫情期間參加家族聚餐？在許多情況下，風險很明確，雖然我們沒有可靠的統計數字，但的確是基於預期效用來判斷。有經驗的駕駛會都明白，在十字路口右轉一定會有風險，它跟擲硬幣和骰子一樣，機率很清楚，行為的效果也會立即出現。可惜的是，涉及到健康議題時，今天的行為選擇要到很久之後才會有效果，患病或身體變差的機率也很難估計。

在二〇二〇年的新冠疫情期間，我們有許多避免彼此傳染的措施。在疫情初期，專家就已經發現，有些人是無症狀的疾病傳播者。因此，有些看來健康、不知道自己已確診的人，就變成了病毒傳播的源頭。

除了少數接受篩檢和已發病的人，每個人對自己及其他人的狀況一無所知。在疫情初期，我們都不知道自己的染疫機率。等到政府開始執行大範圍的篩檢，並推出相關的手機應用程式，最後再加上有效的隔離程序，人民才能決定是否要去參加聚餐或其他群聚的活動。不過，在新冠疫情爆發時，政府的資訊不夠透明，再加上錯誤的決策，民眾因此無所適從，難以透過理性思考來權衡自身行動的風險。

圖表3.1讓我們清楚看到。在許多決策情境中，理性選擇的區域範圍很清楚，所以你知道該怎麼做。基於目視的交通狀況以及你的駕駛經驗，你就能決定是要踩下油門或剎車。只要知道行為的效用和風險，理性選擇論就是最好的方法。

可惜的是，在新冠疫情剛爆發的前幾個月裡，人們只有基本的公共衛生知識。沒有人敢漠視疫情，但實在找不到平衡的防疫措施，總是過猶不及。無論你找到哪些理性方法，都不會比用猜的要好到哪裡去。有些人重視自由，寧願冒確診的風險也要出門，也有許多人因為工作因素而無法待在家裡。但對於大部分有選擇的人來說，總是以「不怕一萬、只怕萬一」為原則。既然沒有更明確的防疫資訊，那不如謹慎以對，好確保自己

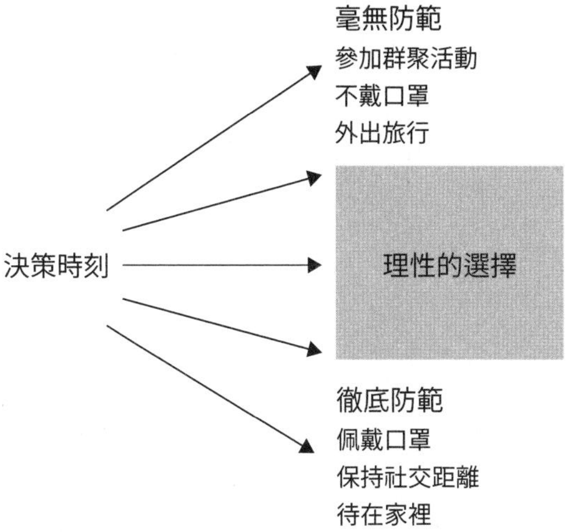


**圖3.1** 新冠疫情初期個人行爲的決策選項。灰色方框代表有效、理性而謹慎的做法；雖然當時無法得知哪些方法最好，但日後能找出平衡點。

所有行為都超出防疫的基本要求。

二〇二〇年三月十五日，美國國家過敏暨傳染病研究所所長佛奇（Anthony Fauci）明確提出了應對策略。當時，美國僅有三千位確診病例和六十位死亡個案，他在出席新聞節目《與媒體見面》（Meet the Press）時表示：「我提出一條黃金法則：若你覺得自己已做好萬全準備，那應該只是達到低標，甚至連低標都不到。」當時有人建議，全國應該進行十四天的封城措施，他回答道：「我認為在防疫上最好做過頭，最好讓人民認為政府大驚小怪。」[8]幾天後，各州政府都開始發布居家隔離令，有一些還持續了兩個多月。[9]

當逾越節到來時，我朋友跟大部分民眾一樣，是在線上參加家族聚餐，當然這比不上同桌共食。以往，猶太家族在聚會後總會互相約定「明年我們耶路撒冷見」，但今年的願望卑微多了，「希望明年能當面吃個飯」。

## 戒菸的妄想

新冠疫情剛爆發時，許多日常決定的風險都是未知的，而許多人寧願做過頭。等到日後得知更多資訊時，才會知道自己當初做的防護措施是否必要。畢竟我們不理解這疾病有多嚴重，保持戒慎恐懼反而是理性的態度。

然而，面對已知的健康風險，又該如何做出選擇？無論是過度樂觀或悲觀的妄想，都要取決於具體情境，才知道是否有益。

關於健康問題，現代人不再需要去問巫醫、看星象或做占卜。當然，包括癌症在內的許多重病，醫師也還在找尋解方，但我們更加了解致命的風險因素。我們已經知道生活習慣對健康的影響最大。根據二〇一八年世界衛生組織的報告，全球有百分之七十一的死亡是由非傳染性疾病所引起的，而其中有許多疾病是可預防的。例如，當中有一半的死因起於四種疾病：心血管疾病、糖尿病、癌症以及慢性呼吸道疾病。[10]這些疾病跟個人行為強烈有關，包括飲食、缺乏運動和吸菸。全球有百分之三的人死於糖尿病；近幾十年來，肥胖率上升，糖尿病的發病率也急劇增加。在二〇一四年，全球有百分之九的人其血糖水平過高。[11]

要避免這些疾病，方法很簡單：攝取健康食物、飲酒勿過量、定期運動、戒菸。但世界充滿誘惑，有些人接觸毒品，而更多人沉溺在零食與酒類飲品中，而且還不愛運動。其實，為了享受人生而犧牲健康，也是種理性的選擇。另外也有些人理性地選擇健康生活，經常閱讀保健資訊，並遵從醫生的各項建議。但除了這些理性的人，還有許多人對自己的身體狀況有不切實際的想法，所以健康狀況不斷惡化。

以抽菸為例，它與心臟病和癌症（人類兩大死因）有關。研究人員發現，年輕人對於抽菸的健康風險都太樂觀了，包括成癮。[12]在義大利，有抽菸的大學生大多會表示：「只要我願意，我隨時都能戒菸。」[13]一項長期追蹤的研究顯示，一開始每天最多抽六根菸的青少年，五年後大多變成老菸槍，而不是戒菸。[14]酒類飲品的狀況也很類似。年輕人都低估了飲酒的患病與成癮風險。[15]

雖然許多研究都已證實，這些行為對健康長期有害，但年輕人喜歡學抽菸，是因為他們認為這在社交上有許多好處。在二〇〇四年，研究人員調查了加州北部有抽菸的高中生，發現他們都有信心不會上癮，也不會罹患相關疾病。此外，他們也相信抽菸有許多立即的好處，包括看起來更酷、更成熟，也會更受同儕歡迎。[16]某項行為只要有立即的好處，而其負面後果長期才會出現，那我們就很難抵抗它的誘惑。（所以我家冰箱裡面沒有冰淇淋。）

說個笑話：有位母親走進兒子的房間，撞見兒子正在自慰。母親說：「最好戒掉這個壞習慣，否則你會變瞎！」男孩回答道：「放心，只要自慰到要戴眼鏡時，我就會戒掉了。」

既然上述的青少年有看到抽菸的好處，那這個行為是出於他們的理性推論與利弊權衡嗎？也許他們知道抽菸的所有風險？經濟學家在做研究時，總是會假設人類都是理性的行為者，所以有些經濟學家對成癮行為非常好奇。

芝加哥大學的經濟學教授蓋瑞・貝克（Gary Becker）擅長將學術理論拓展到其他領

域和題材。一九八八年，他和另一位學者墨菲（Kevin M. Murphy）提出了「成癮行為的理性理論」(A Rational Theory of Addiction)：物質成癮的人是合理地在追求自己的最大效益，雖然他們也理解到未來會陷入困境。[17]例如，年輕人想要享受抽菸帶來的樂趣，但也知道健康的代價會漸漸累積。

這套理論也類似於經濟學中的另一個基本觀點。根據生命週期理論（Life-cycle hypothesis），人們會估量自己一生的總收入，並將支出平均分配到各個階段。[18]所以，我們會在年輕時會累積債務，等到事業有成，再一點一滴償清。根據貝克和墨菲的觀點，像吸菸者這些物質成癮的人，其實有考慮到未來要付出的代價。他們往後的人生境遇會改變，所以計算損益的方式也會變，正如有些人會選擇戒菸。因此，使用成癮物質是明智且理性的決策。

如你所料，貝克和墨菲的理論引起了不少批評。就像許多經濟學家一樣，貝克和墨菲對於成癮者（事實上是對所有人）太樂觀，認為他們預測未來的能力很強。[19]最近許多研究顯示，心智對於立即性的回饋非常敏感，比經濟學家所認為的要高得多。所以對眼前與未來的損益評估，每個人有各自的偏好。理智上我們會告訴自己不應該吃太多甜點，但在咖啡店看到草莓蛋糕時，意志力馬上就崩潰。

經濟學中還有另一個基本假設：人們會按照自己的偏好排列生活中的大小選項，而且，只要有充分理解它們的後果，這個排序就不太會變化，因此也是理性的。舉例來說，起士蛋糕不管是在大飯店的冰櫃或在你眼前，對你的吸引力都是一樣的。由此可見，經濟學家都是一群極度天真的人。

經濟學家認為，吸菸者有清楚看到未來的風險，並將其納入考量。但事實與此相反，大量證據顯示，大多數抽菸人的人都後悔了。二〇〇六年，研究團隊大範圍地調查了澳州、加拿大、英國和美國的吸菸者，當中有九成的受訪者都同意：「如果生命能重新來過，不會嘗試抽菸。」[20]這種後悔的心情，也反映在他們對未來的健康問題和生活品質的擔憂。在往後十多年來的類似研究中，受訪者的感想都是一致的。[21]

在我小的時候，父親在牆上釘了一個木頭架子，用來放置一包包的香菸。架子上面還印有這樣的短詩：

**菸草是一種惡劣的雜草。**

我喜歡它。
它無法滿足正常的需求。
我喜歡它。
它讓你變得虛弱，變得消瘦。
還會讓你掉光頭髮。
它是我所見過最糟糕的髒東西。
我喜歡它。

父親活到了八十三歲，遠遠超出了一九二六年同代男性的預期壽命，但他是個癮君子，所以在晚年時隨身都得帶著氧氣罐。他經常感到後悔，但多次戒菸都失敗了，那首短詩所描述的矛盾心情，他完全能理解。

在日常生活中，許多選擇都令人感到兩難，就像要在草莓蛋糕和新鮮水果間做選擇。所以我們很好奇，人們是否真的會運用理性去追求最大的效益，像經濟學家所假設的那樣。

為了化解自制力的矛盾，有人會用不同的方式來權衡最大效益。比如說，在日常生活中，你的選擇標準是因為它讓你當下感到最快樂。拿出香菸、準備刷卡、倒一杯葡萄酒或觀看貓咪影片，都是在揭示你當下的偏好以及追求最大效益。但事情沒有那麼簡單。人性有趣的地方在於常常三心二意，還會對自己的選擇感到不滿意，而這通常是因為我們不夠有遠見。另一方面，有些人過於看重未來，而草率面對當前的人事物。許多人在回顧過往時總會說：「我真後悔，孩子在年幼時我應該多花時間陪伴他們」，或者是「我以前應該好好學西班牙語的」。

在健康議題上，人們的矛盾在於，要如何犧牲即時且微小的享樂，並換來更大的幸福。心理學家拉赫林（Howard Rachlin）在他的著作《自我控制的科學》（*The Science of Self-Control*）中明確指出，此問題如此難解，是因為即時的誘惑具體又明確（來吃塊草莓蛋糕吧），但「往後的健康」卻是模糊又遙遠。[22] 如果人們真的像貝克、墨菲等經濟學家說的那麼理性和清醒，那為什麼還會發生那麼多痛苦和後悔的事情呢？

我認為，人們並不像傳統經濟學家所認為的那樣理性。當下的欲望與遠程目標發生衝突時，的確很難做出明智的決策，大到能源和環保議題（是否該為了經濟發展蓋核電廠），小到蛀牙問題（飯後懶得花時間去刷牙）都一樣，但也都有理性策略可以應對。但眼前的問題是，妄想是否有助於維持或恢復健康。

答案取決於妄想的內容以及情境。

## 除非生病，否則人會努力保持現狀

康納曼和特沃斯基發現，人們討厭「損失」，是因為很重視自己的現狀。我們在衡量財富、幸福或健康時，會用線性的方式去想：從零開始，繼而逐漸增加。毫無疑問，這就是我們衡量物質生活的方式。康納曼和特沃斯基意識到，做決定時，一定要考慮前因後果，以及對當前狀態造成的影響。

以前面提到的《桃色交易》為例。每個角色所擁有的財產都不同，所以一百萬美元對各自的影響力也不同。古典經濟學家有一套理論，但康納曼等人提出的損益理論更好用，還能破解薩穆爾森賭局。

薩穆爾森的賭局很公平，但人們會拒絕，是因為討厭輸錢的感覺。同樣地，有些投資看起來很不錯，對我們來說還是沒有吸引力，因為損失的感受大於收益。

涉及到健康議題時，保持現狀也是個重要的考量。幸運的話，每個人都能過著身心健康、自在的生活，也都想保持現狀，當然若可以變得更強壯也不錯，但至少要避免損失，也就是不要生病或受傷。在那種情況下，現狀就對個人不利了，所以我們的目標會變成「回復原樣」、「彌補損失」。我們會努力做復健，試著回到生病或受傷前的狀態。

隨著年齡增長，力量、耐力和記憶力都會下降，但幸運的話，這些變化都會落在可預期的範圍內。雖然無法再做年輕時喜歡的活動，但老年人還是能過上充實的生活。然而，無論在什麼年紀，若突然失去健康，每個人都會想努力恢復原狀。當然還有自制力的問題。我們無法再隨心所欲，所以會配合自己的年紀，試著找到平衡點，讓自己感覺舒服就好。而我們要思考的是，自己的妄想（無論是樂觀還是悲觀的），是否有益健康。

## 生病或陷入困境的人更要樂觀

我先前提到過，心理學家泰勒和布朗在一九八八年發表了一篇經典文章，指出妄想有時還是很有用的，而太了解現實反而沒幫助。[23] 泰勒是社會心理學家，從一九七〇年代開始，她轉而研究健康心理學，以探索心態和行為對身心健康的影響。泰勒和布朗提出的嶄新論點是，稍微偏頗的自我認知，包括意識到自己的優勢、無視自己的弱點，其實是有好處的。它能促進心理健康、減少壓力，讓我們更有能力去應對挑戰。

泰勒最重要的研究對象就是癌症患者。她發現，患者若保持某種幻想，深信自己多少能控制疾病的發展，有時還會因此發現新的生活目標。[24]我們在上一章也提到，稍微自我膨脹有許多好處，就算變成討人厭的自大鬼，也會有些收穫；在社交生活中，也不會陷入自悲自憐的痛苦中。

泰勒發表此篇論文後，各項相關研究也深化了他們的論點：樂觀心態對適應力、應對力和健康都有正面的影響。當然，沒有證據顯示，樂觀心態對健康有魔法般的效果，但至少可以激發當事人的積極態度與言行。心理學家認為，行動可分成「問題導向」（problem-focused）與「情緒導向」（emotional-focused）。樂觀態度會啟動有建設性的行為，但實際的應對機制則取決於當下所面臨到的挑戰。透過問題導向的策略，就能減輕壓力、改善健康狀況。例如，身體扭傷時就該接受物理治療、成績不好時就要培養良好的讀書習慣。

有些問題不容易改善或涉及到情緒。例如，樂觀的人在經歷創傷事件時，會去尋求朋友和家人的支持，或接受心理治療。又或者，他們在悲劇中尋找正面的意義。另一方面，悲觀的人會選擇無效的應對策略，比如逃避現實、遠離人群或抱持著消極的執念。[25]

越來越多的證據顯示，樂觀心態能讓你延年益壽。比起客觀的身體數據評估，若加上當事人的主觀描述，更能證明這個道理。[26]不過，青少年吸菸者則是反例。研究顯示，樂觀心態所帶來的正面影響，只會作用在承受龐大壓力（如準備考試）或生重病的人身上。對於失去健康或幸福、想要重新回到穩定狀態的人來說，樂觀是一種寶貴的心理素質，哪怕是天馬行空的幻想也有用。當然，它的影響力也是因人而異。

年輕人大多身體健康，感到自己強壯而有活力，很少會想到以後會有關節炎、心血管疾病或糖尿病等問題。二十歲的人多少會覺得自己身強體壯，而且這時期的外表和身體感，會成為以後衡量健康衰退的標準。某位智者說過：「青春都在年輕時耗費掉了。」[27]世上許多事情都會隨著時間的推移而變好，除了身體健康。

現代醫學和流行病學改善了大眾的生活。而今日看來都是迷信的養生方法，在過去可是被當成理性的做法。對於西元四世紀的歐洲人來說，生病時佩戴護身符是理性的做法。但在今天，可靠、有效而理性的知識和方法更多了，所以我們更懂得如何去延長壽命、拓展生活經驗。可惜的是，對年輕人來說，老年生活非常遙遠，所以做選擇時會受到當下的因素所影響。

因此，對於十幾歲的吸菸者來說，樂觀心態沒什麼好處，就算有想到日後的健康問題，也不會後悔自己的決定。他們高估現狀，所以才有這種無益的心態。十幾歲的青少年正值黃金時期，身體健康，更能享受社交優勢，覺得自己抽菸時又帥又有吸引力。他們還沒有菸癮，不會為此所困，因此欠缺動機去戒菸。有太多證據顯示，抽菸對身體有長期的負面影響，所以這方面的樂觀心態是有害的。年輕人缺乏自制力又過度自信，還以為抽個幾年就可以戒掉；這就是有害的妄想。

## 有益的悲觀心態

那麼，悲觀的妄想有好處嗎？大家都覺得悲觀不是好事。但如前所述，有時面對現實不如保持正面的妄想。除非是面對艱困無比的情況，我們才會勸他人要做最壞的打算。生活中，心靈導師、勵志講師、人生教練、老師和父母，都在積極灌輸樂觀和自信的想法，要你相信人生處處有希望。但在某些情況下，一點點極端的悲觀心態會派上用場。

前文指出，對於現狀不佳、經歷傷痛和患病的人來說，悲觀會使情況變得更糟。人們會更想逃避現實、否定一切，因此更難恢復到健康和幸福的狀態。但對於現狀超好、生活順利但未來不確定的人來說，悲觀能保護他們免於犯錯，並保留反思的空間。[28]對於稍微悲觀的人來說，即使已有不少成就，但對未來的期望還是會偏低。[29]他們更容易焦慮，也常設想各種最壞的情況，以便制定策略來逢凶化吉。他們能做出各種相應的計畫，也能管好自己的情緒。只要遇到挑戰，就會進入新手模式，就好像自己從未成功過。這種悲觀心態有許多用途。有趣的是，對於悲觀的人來說，若不採取這種防禦性的策略，反而會表現不好。[30]

防禦性的悲觀並不適合每個人，至於這種策略的起因，目前我們也不完全清楚。比較不會焦慮的人，就會採用樂觀的方法，以免考慮太多失敗的情況。對於健康不好的人來說，樂觀的確是最主要的策略，但是如果現狀太好、而未來風險未明時，悲觀也是有益的。

二十一世紀初期也有兩次新冠肺炎的疫情：二〇〇二年至二〇〇四年所爆發的

SARS疫情，以及二〇一二年至二〇一三年所出現的MERS疫情，幸好在全球大流行前，這兩種疫情被擋下來了。當新冠病毒在二〇一九年出現時，亞洲國家馬上搬出有效的應對策略，這要歸功於對抗SARS的經驗。在中國、日本和韓國，在公共場所佩戴口罩已成為一種習慣。研究人員也發現，從新加坡人身上來看，偏向防禦性悲觀的人更會做好保護措施。[31]因此，防禦性悲觀能驅使我們多保護自己，且不會成為自我應驗的預言。同樣地，研究發現，在二〇〇九年H1N1流感大流行期間，瑞士法語區裡過度樂觀的民眾，就不會採取防疫措施，如洗手。[32]

新冠疫情剛爆發時，人們對這種病毒的傳播機制了解甚少，所以許多人遵從佛奇的指示，保持防禦性悲觀：與外人的任何一次接觸、摸過的任何物品，都會令他們焦慮。每個人口罩和手套戴好戴滿，酒精和洗手液也都售罄。

有些民眾因此變得沮喪，甚至不肯戴口罩，當時川普總統也沒有以身作則，他在公眾場合也很少戴口罩。從當年新加坡人民對SARS的反應，研究人員發現，謹慎、勤奮和注重公德心的東方人，比較會保持防禦性悲觀的態度，也因此更努力防疫。[33]亞洲人重視群體，但在美國，戴口罩卻變成政治議題：一些人重視公德心，而另一些人重視個人自由。美國人認為，口罩是為了保護他人（而不是自己）；因此，若要成功控制疫情，人們就要有互助的集體意識。

當現狀低於原本的預期時（如失業或生病），就很難產生幸福感，這時悲觀就沒有好處，因為你只會質疑人生的意義，也不想有任何行動，成功的機會就更低了。在健康議題上，若想要康復或緩解症狀，個人更是要付出努力，包括運動、改變飲食、服藥和遵從醫療人員的指示。但悲觀會減弱動機，而你終究會如自己所預言的一樣，身體越來越差。

正面和負面的妄想對健康所帶來的影響，可總結如圖3.2。最上方那行代表少數的養生人士（無論是年輕人還是老年人），他們的生活完全符合健康標準，包括體重正常、不抽菸、定期運動、飲食均衡（以蔬菜為主）、少吃藥、不喝酒。他們出門時會塗防曬乳，每天刷牙三次，餐後會使用牙線；會定期去檢查身體，並聽從醫生的建議。他們的生活習慣很好，所以無論在心態上是樂觀還是悲觀，對健康的影響並不大。

因此，迫在眉睫的健康風險反而會驅使我們改變生活；這時樂觀就沒什麼好處。愛抽菸的青少年、喜歡喝啤酒又不運動的懶人或在疫情中自以為是天選之人的民眾，都不

| | 樂觀 | 悲觀 |
|---|---|---|
| 沒有健康風險 | ？ | ？ |
| 未來有健康風險 | 不行動／不防備 | 採取保護措施 |
| 患病或受傷時 | 積極投入復原 | 不行動／接受現狀 |

**圖3.2** 樂觀和悲觀對各種健康狀態的影響。深色的那條水平線用來區分高於預期的現狀和低於預期的現狀。

會採取行動去減低未來的健康風險。防禦性悲觀會令人感到焦慮和不愉快，卻能讓我們做出必要的行動，以實現長久的幸福和健康。

現狀低於原本的預期時，就可以時時保持樂觀。若想恢復健康，只要保持一點正面的心態，就可以讓自己堅持下去。雖然沒辦法百分之百回復到原本的健康狀態，但保持樂觀，就會更積極去做運動和物理治療，飲食上也會更注重均衡和清淡。相比之下，悲觀或面對現實反而不見得有幫助。

## 戒慎恐懼很難受，但有實質的效用

迄今為止，我們都在討論樂觀和悲觀的驅動力，它能改變行為和左右健康狀態，當然也會改變心情。可惜的是，妄想對於情緒和驅動力的作用可能剛好互斥，我們只好在心理和身體健康間做出取捨。

除了驅動力，防禦性悲觀還能用來抵禦壞消息。當時我不知該如何稱呼它，但透過這種心態，我才得到第一份終身職。那所學院的環境很優雅，但對我來說有些陌生。之前我都在公立的學校教書，只能靠打工和擔任研究助理過生活。現在我身處景色優美的新英格蘭地區。以前我不敢奢望能待在此處。這裡的學生都來自私立高中或寄宿學校，教職員也大都有常春藤聯盟的學位。我想在這裡待久一點，但根據校方規定，我必須在六年內獲得終身職的資格，否則隔年就得打包走人。終身教職是個很高的門檻。所以我告訴自己：「不要習慣這裡的生活。你不是它的一份子……有一天你終將離開。」

在此之前，我很少使用這種心理策略。我念研究所時也遇過一些困難，但還有辦法能克服；在準備考試和論文口試時，我還有信心能順利通過。但我不會在同學或教授面前太高調，所以每當有人問起學業的情況，我都會表示擔憂。但面對這份新工作，我就不是在表現謙虛，而是真心覺得有危機。因此，我努力工作、避免犯錯。

在防禦心態的催促下，我戰戰兢兢地為了終身職而努力，我也知道，這是為自己打預防針，失敗時也有多少有個心理準備。事實上，那六年間我沒有沉浸在工作的樂趣中，而是充滿焦慮。最終我獲得了終身職，但這個防禦心態有個意想不到的缺點，在接下來那一年，我還是對這個環境有疏離感。等到我放鬆下來，確認自己是正式的教職員工後，才能樂在其中。防禦心態產生一個意想不到的代價，但爭取終身職的失敗率很高，我只能以這種態度去面對。

在評估成果的日子臨近時，防禦性悲觀就更容易出現。在前一章我們談到，學生在考試前的日子大多充滿信心，直到成績公布前才會緊張。這是為了做好準備，以應對不好的結果。半途而廢也是一種策略，有些學生會在考試前故意裝病，如果成績不如預期，就說是身體不好害的。為失敗找藉口，他們就能挽回一些自尊心，並宣稱自己的能力並不差。[34]

許多關鍵性的決定都要在短時間內完成，但要應付大型流行病、降低罹患癌症或糖尿病的風險，就得維持好幾年甚至一輩子的悲觀態度。可惜的是，防禦性悲觀的驅動力在於，它是一種不愉快的狀態，唯有每天努力，才能緩解這種焦慮。因此，防禦性悲觀不能立即帶來心理上的效益。另一方面，如圖3.2所示，在低潮時保持樂觀，就會有行動力和情感上的雙重益處。

樂觀的確能帶來好心情。現狀高於預期時，無論是否有潛在的風險，樂觀以對總是令人感到愉快。時時懷抱希望，就不會擔心自己會受到命運的無情擺布。由此可知，西方人才會那麼強調樂觀。

相比之下，悲觀的好處很少在當下兌現。在焦慮中，我們採取保護行動，並隨時準備面對失望與挫敗。然而，在疫情期間，防禦性悲觀的確撐下去的好方法。

現狀低於原本的預期時，保持樂觀當然有許多好處。泰勒和布朗等研究人員早已發現，在面對癌症、心血管疾病等重大傷病時，保持樂觀與好心情，就能提高行動力，讓我們朝著復原的目標前進。即使當中有些不切實際的想法，卻還是明顯有益的。

談了這麼多樂觀和悲觀心態，彷彿我們可以隨意轉換心情和思考模式。當然事情沒這麼簡單。有些人天性樂觀，但有些人就像查理．布朗一樣老是愁眉苦臉。因此，每個人能保持的正面或負面想法都不一樣。

非理性的樂觀和防禦性的悲觀對身心健康有不同的益處。接下來你會發現，其他有益的妄想也都有這些功效。儘管它們在情感上有撫慰人心的效果（如親人過世時），但我還是會特別強調其實質上的作用，畢竟好好生活才是第一要務。

# 4

# 在投票日打籃球就能選上總統？

一隻代表憂傷，兩隻代表喜悅，三隻代表女孩，
四隻代表男孩，五隻代表銀子，六隻代表黃金，
七隻代表祕密永不言。

——童謠〈喜鵲〉

在競選美國總統期間，歐巴馬其實有個迷信。一般來說，在激情的選舉活動後，投票日當天反而有種奇特的寂靜感。好幾個月以來，候選人到處演講、參加造勢大會，並在投票日的上午照慣例現身投票。通常他們都只能焦慮地等待傍晚的開票結果。

在競選活動期間，歐巴馬經常抽空與工作人員一起打籃球。他的長期助手雷吉・洛夫（Reggie Love）以前是杜克大學籃球隊的隊長，他們開啟了一項傳統：在投票日打籃球。

因此，二〇〇八年在愛荷華州的黨內投票日那天，歐巴馬打了場籃球比賽，並贏得黨員的支持；但在新罕布夏州的黨內初選日，他沒有打球，最後也輸給了希拉蕊・克林頓。從那時候開始，打籃球便成了歐巴馬的投票日迷信。[1]

在二〇〇八年十一月四號的總統大選日，歐巴馬和他的太太蜜雪兒、洛夫以及蜜雪兒的哥哥羅賓遜（Craig Robinson）都在芝加哥與工作人員一起打球。開票結果出爐，歐巴馬的總得票率比共和黨的候選人馬侃高出了百分之七，並且以九十七張選舉人票擊敗對手，拿下他的第一次總統大選勝利。而在二〇一二年的大選投票日，與歐巴馬打籃球的有教育部長鄧肯（Arne Duncan）、前芝加哥公牛隊的球員皮朋和蘭迪・布朗。那場球賽沒有人公開計分，但賭博網站顯示，歐巴馬這一隊贏了二十分。[2]票開完後，歐巴馬的總得票率比對手高出百分之四，並以一百零六張選舉人票擊敗了共和黨的羅姆尼，順利連任總統。

同樣地，運動員在比賽當天也會很焦慮，所以要用某些儀式來度過緊張的時刻。巴爾的摩烏鴉隊的踢球員賈斯汀・塔克（Justin Tucker）在換裝前，會將制服、內衣、頭盔和球鞋整齊擺放在他置物櫃前方的地板上。他在童年時的偶像、前美式足球明星迪恩・桑德斯（Deion Sanders）也會這麼做。但根據ESPN的報導，塔克否認這是迷信，他打趣地說：「這是種儀式。而我的迷信就是不可以將這種事當作迷信。」[3]

既然當下無法執行有實質效益的行動，那還不如用這些迷信來舒緩緊張的情緒。在競選活動結束後，候選人不能再拉票；比賽開始前，球員也沒時間再練習。兩者的差別在於，塔克的賽前儀式是有實質作用的，能激發他上場表現更好的球技。就我的專業立場來看，沒有科學證據能證明儀式的效力，所以它們只是心理作用而已。（但我們保留魔法存在的可能性。）

大家也知道，歐巴馬的迷信無法影響選舉的結果，但那天打球的話心情會比較好。

在投票日前，他已經展現所有選舉技能了。因此，投票日的籃球賽就像是玩賓果遊戲時念咒語一樣；賓果遊戲的數字早已隨機排好，玩家只是被動的參與者。唯有在展現技能的活動前執行，迷信和儀式才能發揮具體的效果。

## 「恐怖喔！做壞事會下地獄」

首先，我們區分三種迷信：禁忌、預防犯錯以及帶來好運。今日，已經很少有人打從心裡害怕土耳其的「邪惡之眼」或數字十三，反正它們也沒什麼實質作用。如果大人不再教小孩這些事情，那我們的生活會簡單很多。許多人從小就被大人恐嚇跟洗腦，所以只要一看到那些符號，就會感到害怕，甚至得想辦法破解。在英國，看到一隻落單的喜鵲（代表悲傷）很不吉利，所以人們會設法逢凶化吉。

在西方文化中，人們都很討厭十三，所以開刀日絕不會選在十三號星期五。美國大多數的飯店都沒有第十三樓，機場也沒有十三號登機門。以前的人為了解壞事發生的原因，但知識又有限，所以才編造這些迷信。今日，科學家會鼓勵我們尋找各式各樣的解釋，並放下那些令人恐懼的迷信。

但有一種負面的迷信可能有用，那就是厄運到來。心理學家珍．里森（Jane Risen）和吉羅維奇（Thomas Gilovich）針對「心存僥倖」（tempting fate）做了一系列的實驗。[4] 他們請康乃爾大學的學生評估一個情況：在某個課堂上，教授非常喜歡隨堂抽考。而受訪的大學生都認為，若上課前冒險沒有溫習課業，被點到名的機率會比較高。

在另一項實驗的狀況劇中，有位學生報考了史丹佛大學的研究所，在放榜前，她的母親出於心意，送給兒子一件史丹佛大學的T恤。有一半的受試者讀到的版本是，這位年輕人在第二天穿上了那件T恤，另一半受試者讀到的版本是，他把T恤收好放在抽屜裡。一如預期，受試者都認為，高調穿上T恤後，錄取進入史丹佛大學的機會較低。

通常來說，非理性的恐懼並沒有太大的用處，但吉羅維奇指出，我們對心存僥倖的擔憂卻很有用。平常我們會有固定的行為判斷，也多少會遵守社會規範，所以不會隨便冒險。所以若心存僥倖帶來壞結果時，我們就會後悔萬分。[5] 例如，天氣預報說會下雨，你卻沒帶傘出門，結果被暴雨淋濕，這時你就會自責又懊悔。

吉羅維奇指出，每個社會都會去約束不符合群體需求的行為，於是出現法律或其他形式的控制方法，如宗教。根據這類非理性的信念，冥冥之中會有股力量去懲罰魯莽的行為，而社會便會更加祥和。這是一種微妙的社會控制系統，而有些團體會負責傳播這些恐懼，以加強群體的價值觀和凝聚力，進而獲得好處。有些人會以宗教的角度來看待不公不義，認為上帝會懲罰那些傲慢或驕縱的人；而有些人則相信，世人渴望公義，所以萬事萬物事會朝著正義的方向去發展。根據吉羅維奇的觀點，人們都相信，若自己心存僥倖、明知故犯，上帝或其他神明就會默默讓你吞下苦果。有了這個信念，我們就不敢太自負或去冒不必要的風險。

## 好運加持

一般而言，提升運氣的正面迷信比較實用。不管是參加比賽、準備考試、求職或上台做簡報，有些迷信的想法，就能有好表現。例如，有的人比賽期間會穿同一雙襪子、以特定的方式綁鞋帶、在第一次發球前精確地拍球五次：這就是網球名將小威廉絲會做的事情。透過這些小動作，她轉變自己的心理狀態，以提升在賽場上的表現。[6]這不是魔法，而是有益的妄想。許多球評認為，小威廉絲是有史以來最傑出的女子網球選手，而這些迷信行為是她獲得成功的原因。

可惜的是，目前的科學證據還不足以證明這類事情。以前的學者都在探究當事人的特徵和過往經歷，以找出這些執念的起源。直到最近，心理學家才開始探究迷信行為的效用。

在二〇一〇年，德國科隆大學的團隊進行了一系列測試，其中最著名的是「高爾夫球實驗」。[7]研究人員找來了二十八名大學生，其任務是用推桿將高爾夫球推入一個杯子裡。每個人都有十次機會，杯子距離他們約一公尺。研究人員跟當中一半的受試者說，他們所用的是幸運球；至於另一半的受試者，研究人員只說那是普通的球。在進行實驗前，研究人員已確認當中有百分八十的學生相信運氣。結果正如大家所料，「幸運球」這一組的表現比較好，將球推入杯子的平均次數為六點四，而「普通球」則為四點八次。

高爾夫球實驗引起了極大的關注，因為第一次有人去證明迷信行為的正面效用，但大家還是對此結論半信半疑。近十幾年來，心理學界都在重新檢視早年的研究成果，包括長期以來在教科書中常出現的經典實驗。許多研究人員發現，用同樣的實驗條件，卻得不出過去學者所宣稱的結果。科學期刊對於新的研究成果比較感興趣，而對於復刻實驗有偏見。可惜的是，科學家確實發現，過去那些著名的研究就是有問題，所以今日才無法重現相同的結果。在同一套實驗程序和條件下，有些學者發現令人興奮的結果，但有些人一無所獲，那前者的結論便是不可靠的。近年來，這些「重現危機」紛紛出現，研究人員才改變想法，重啟各項經典的研究，還在不同條件下進行，看是否會有不同結果。

上述高爾夫球實驗引起了極大的關注，因此心理學界再次進行相同的實驗。在原始的實驗中，幸運球組與普通球組分別只有十四名受試者，美國多明尼加大學的研究人員把受試者增加到五十六人。[8]此外，美國的研究人員也跟德國的研究人員請教過，以確保他們的實驗程序跟原版的一樣。可惜的是，雖然美國的受試者也很迷信，但幸運球和普通球兩組的表現差不多。

於是美國的研究人員又做了一次實驗，而且幸運球更加有特色。他們準備了一個袋子，裡面有四個普通球和四個有綠色三葉草標記的球，而受試者要從中抽出一顆球來玩推球。如果受試者抽中了幸運球，研究人員會在一旁說：「哇！你好幸運。」但第二次實驗的結果還是不理想。普通球與幸運球的受試者表現還是差不多。

這令我們感到很困惑。迷信行為對運動員、演員和求職者應該是有效的；想在困難的任務中表現出色，一些儀式感、幸運物或護身符是有幫助的，當事人能因此獲得安心感，進而有意志力去完成任務。但到目前為止，我們缺乏清晰的科學證據來證明，除了心理作用外，迷信行為真的有實質效果。

## 儀式的功用

運動員的迷信行為，包括塔克在更衣室地板上整理制服，都是在比賽開始前的儀式。儀式在生活中普遍存在，甚至連在動物界也很常見。[9]近年來，心理學家開始關注儀式的心理作用，也更加證實它們對生活的益處。我們都知道，有些明星球員會有自己的賽前儀式，但也許他們本來就很傑出，才會發明那些小動作。[10]優秀運動員也許有某些特質，所以會偏好儀式感，所以這兩者的因果關係還很模糊。因此，心理學家就開始做實驗，以觀察其效果如何。

當中一些實驗很有創意。[11]例如，為了證明儀式對悲傷和失落的療癒力，兩位哈佛商學院的教授告訴受試者，他們當中有一人能贏得兩百美元。抽獎完成後，那位受試者馬上回家，剩下來的受試者繼續在失望中玩遊戲，包括在陌生人面前唱歌，[12]或在限時內解開數學謎題。[13]

研究結果都顯示出，儀式能彌補未能贏得兩百美元的失落感，所以受試者唱歌或解題的表現都很好。此外，對於想減肥或吃得健康的人來說，儀式還能提升自我控制力。[14]

而且研究人員設計的儀式都很簡單，比如說：

**畫一張圖畫以表達你現在的感覺，然後在紙上撒鹽。完成後，大聲地從一數到五。最後把畫紙揉成一團，丟進垃圾桶裡。**[15]

這一系列的行為有其象徵意義。這幅畫有你的情緒，而灑鹽是為了淨化它。雖然這個儀式是研究人員自創的，但他們有慎重地向受試者講述它的功效。相反地，若研究人員說這些行為只是有趣而已，那做完之後，受試者就不會有好表現。後來的研究證實，就算沒有強調它們是儀式，只要是有明確步驟的重覆動作，受試者的狀態都會變好。

例如在一項考驗自我管控的實驗中，第一組受試者受到指示，在下決定前要做兩次有既定步驟的「手勢」，而第二組受試者則自己隨便挑一種手部動作、做一次就好。接下來，受試者要考慮，明晚要去參加派對（自私的動機）或募款活動（利他的動機）。結果如大家所料，第一組的受試者覺得做那個手勢有儀式感，而且當中有百分之五十九的人選擇參加募款活動；第二組人則只有百分之十九要參加募款。[16]

如此看來，儀式確實有正面的影響力。不過，哪些行為才算是儀式，又是否能歸類為妄想呢？研究人員指出儀式的三項特徵。首先，儀式有嚴格的順序與步驟，每次執行時都要照辦。其次，它有一定的象徵意義，特別是跟宗教有關。猶太教的逾越節晚餐原文為Passover seder，而seder就是意味著「有條理、有順序」。每年逾越節開始時，信徒採用同一套飲食規則去度過這些日子。同樣地，伊斯蘭教徒每天會祈禱五次，而且姿勢都一樣，包括將身體朝向聖地麥加。天主教徒唸玫瑰經時也有固定的禱告儀式，以一個星期為週期，每天都要獻給不同的「奧蹟」。

不過，也有許多常見的儀式沒有宗教意義，也不帶有迷信的意味。最後我們要談到，儀式與特定目標間的因果關係是間接的。舉例來說，某位籃球員上場比賽前都要練罰球，這不算賽前儀式，而是為了等一下有好表現，所以此動作跟目標有直接的因果關係。另一方面，如果他每次開車去球場時一定要聽麥可・傑克森的歌，或是賽前按照一定的順序著裝，那這些動作就是儀式了。

儀式的作用機制很簡單：它能產生一種控制感。焦慮和控制感的關係一直是心理學的核心議題。失去控制感會令人焦慮；焦慮時也會覺得失去控制感。嚴格執行一系列清楚的動作，就可以恢復掌控感，覺得這世界一切如常。[17]在前面提到的研究中，在表演前有個小儀式的學生，比較不會感到焦慮，心跳速率也較低。在其他針對自我管控和悲傷的研究中，受試者做了一些儀式後，都有恢復控制感、自制力和選擇能力，所以比較能面對失去兩百美元的失落感。這正是我們想在高爾夫球實驗中找到的間接效應，但證據顯示，儀式的效益比幸運高爾夫球更可靠。

## 大家一起瘋

那麼，儀式可歸類為妄想嗎？從理性選擇理論來看，在兩種情況下，儀式是不理性的。首先，當事人深信儀式與結果有直接的因果關係。這種不理性的認知不但是迷信，也違反了前述的新定義，即它與預期目標只有間接的關係。網球明星納達爾上場前有一堆繁複的儀式：總是用右腳踏上球場、在比賽暫停時絕不踩到球場上的白色邊線、發球前不斷調整衣服的肩線。他相信它們能帶來好運，所以要歸為有用的妄想。這些儀式看起來像強迫症，不但耗時，還會拖延比賽的進行，不過沒人知道他為何要這麼做。[18]

第二種不理性的儀式則是要透過中介者來舉行。有些人會祈求神靈或惡魔這些超自然的力量，但這在科學上沒有根據。舉例來說，拳擊手會懇求上帝賦予他左勾拳有強大的力量。這種想法沒什麼根據，但他因此卻表現得更好。

大多數學者所研究的儀式都是世俗和非迷信的，而能夠減少焦慮和增加控制感的，其實是行為，而不是信念。有些儀式包含念咒語，但裡面有當事人的願望，所以不必然是迷信。研究顯示，大多數的生活小儀式與宗教或迷信都無關。有百分之四十六的受訪者表示，自己會有些緩和焦慮的儀式；在這些受訪者中，有百分之二十的人說那跟宗教有關，而百分之十七的人說自己有點迷信。[19]

因此，雖然我們會用各種儀式來面對困境，但不一定會持有非理性的信念。也就是說，它們是有益的，但不是妄想。然而，如果迷信或宗教信仰能幫助你度過困難，那就未嘗不是壞事。

最後，我們還要談到許多常見的團體儀式。比方說，在教堂裡唱詩歌、在比賽前唱國歌、球員一起禱告或喊隊呼。在上班前，沃瑪特（Walmart）大賣場的員工會齊聚在一起，在隊長的帶領下，眾人一起歡呼、唱喝、打拍子、喊口號：[20]

給我一個W！
W！
給我一個A！
A！
給我一個L！
L！
給我一個大波浪！
大波浪！（眾人擺動身軀）
給我一個M！
M！
給我一個A！
A！
給我一個R！
R！
給我一個T！
T！
組合起來是什麼？
沃瑪特！
組合起來是什麼？
沃瑪特！
我們最重視什麼？
顧客至上！

群體儀式將人們連結起來，強化了彼此的身分和歸屬感。除了宗教儀式外，許多家庭也會有自己的儀式來凝聚向心力，但不是用來應付當前的威脅，而是當成日常或年度活動。許多群體會在比賽前或關鍵時刻喊隊呼或祈禱，研究指出，這除了能加強凝聚力，還能舒緩眾人的緊張情緒，並提升掌控感。

## 宗教的效力不在於信念，而是參與活動

談到儀式，就必須談到宗教。理性選擇論建立在數學家克利福德的理念上，亦即「缺乏充分證據就去相信某事，這是絕對錯誤的」。[21]然而，許多宗教的核心信念都是基於信仰而非證據。因此，雖然這是種非理性的妄想，但能驅動有益的行動，所以威廉・詹姆斯才會對此特別感興趣。

宗教對人類是良藥還是毒藥，就端看從哪些觀點與證據去分析。從宏觀角度來看，在政教分離的國家以及美國境內較開放的州，人民的幸福感比較高。但從個人的角度來看，不分地區，有宗教信仰的人覺得自己過得比較好。在美國保守州，宗教勢力龐大，而人民的壽命較短、犯罪率也較高。但從個人的角度來看，虔誠的人壽命長，也比較不容易有

犯罪行為。研究人員將這些現象稱為「宗教參與悖論」(religious engagement paradox)。[22]

除了宗教，還有另一個領域在宏觀和微觀層面上會互相矛盾。在美國近期的選舉中，共和黨在低收入的州得票率較高，但各州的有錢人也都會投給它。另外，民主國家的全體人民以及世界各地保守的個人，都覺得自己過得幸福。[23]關於宏觀層面的結果，交給社會學家和政治家去解釋就好，但在個人層面上，宗教帶來蠻多正面的效應。當然，我們沒有辦法把人帶到實驗室，然後從頭灌輸宗教理念，再看看會有哪些功效。因此，大部分宗教心理學的研究都只能看出信仰與生活的關聯性。因此，宗教與正面效益的關係就好像「雞蛋生、蛋生雞」那樣。究竟是快樂的人聚集在宗教場所，或是宗教活動培養出了幸福感？

眾多研究一致顯示出，有宗教信仰的人過得比較幸福。但若仔細去觀察這些研究的細節，便能解開這神祕的作用；關鍵不是信仰的強度，而是去參與宗教活動的程度。例如，在二〇一六年，研究人員調查了五萬六千多名美國人，結果發現，在從未參加過宗教儀式的人裡面，只有百分之二十六的人覺得自己很幸福。出席宗教活動越頻繁，幸福感也會上升，也就是說，每週多次參加宗教儀式的人當中，有百分四十七的人感到幸福。[24]

宗教的社會效益也展現在其他領域中。許多人認為，宗教對於道德生活是必要的。宗教人士常常捐款給慈善機構、當志工還有去捐血。[25]他們都認為，信仰是道德的必要條件，所以從民調看來，美國選民願意讓天主教徒、猶太教徒或穆斯林來當總統，而不願意投票給無神論者。[26]

然而，與前述的幸福感一樣，宗教的道德影響力不在於信仰本身，而是對於宗教活動的參與。政治學家羅伯特・普特南（Robert Putnam）和大衛・坎貝爾（David Campbell）在《美國恩典：宗教如何分裂和團結我們》（*American Grace: How Religion Divides and Unites Us*）一書中寫道：「只要得知某人常常出席教會活動，那無論他在其他領域的表現如何，我們都會猜想他應該是個好鄰居。」[27]

當然，參加宗教團體也有缺點。紐約新學院和英屬哥倫比亞大學的研究人員發現，從穆斯林上清真寺的頻率（而非虔誠度），就能預測他們如何看待在以色列發生的恐怖事件。[28]因此，參加宗教活動與極端的信念或行為是有潛在連結的。

一九九四年，美籍的猶太人戈登斯坦（Baruch Goldstein）在約旦河西岸的某處清真寺無差別地射殺了二十九名穆斯林。後來，研究人員針對此案去訪問當地猶太人，並分別透露兩個訊息：戈登斯坦經常出席猶太教的活動，以及戈登斯坦是猶太教徒。接收到第一個訊息的猶太人，大多會將戈登斯坦當成英雄。也就是說，基於當事人對宗教活動的參與度，旁人就會用其他觀點去評價他的暴力行為。

此外，研究人員還調查了墨西哥的天主教徒、俄羅斯的東正教徒、以色列的猶太教徒、印尼的穆斯林、英國的新教徒以及印度的印度教徒，問卷內容包括「是否願意為了神明和信仰犧牲自己的生命」、「世上許多問題是否都是其他宗教的信徒造成的」。[29]這些綜合評估是用來證明「教內的利他主義」(parochial altruism)。也就是說，不管個人宣稱自己有多虔誠，唯有常常參加宗教活動，才會被視為同一個陣營的人。

世上各大宗教都在宣揚教義和道德教誨，影響世人甚鉅。研究人員在以色列所做的問卷，就像「雷管」一樣，用來激發受訪者的想法和回憶。在詢問關鍵的恐攻問題前，受訪者要先回答，他們常常參加猶太教活動嗎？每天都禱告嗎？這樣他們就會從信徒的立場去思考問題。

研究人員也發現，被激發出宗教情懷後，人會變得更加慷慨。例如，在一項實驗中，受試者一同玩遊戲，而且贏來的錢可以帶回家。過程中，研究人員會請受試者唸一些有宗教意味的句子（包含「靈魂」、「神聖」、「上帝」），遊戲結束後，贏家更會願意把自己的獎金分享給對手。[30] 在其他研究中，受試者要用電腦玩遊戲，但螢幕上會不時閃現宗教詞語，結果受試者作弊的機率就降低了。[31]

除了宗教外，其他理念也會激發道德情操。例如，在解謎遊戲中，受試者要解讀一些帶有規範概念的句子（如「公民」、「陪審團」、「法庭」、「警察」、「合約」），而他們也因而展現一些慷慨的態度。在另一項良心商店實驗中，現場有一幅大眼睛的圖畫，而受試者在拿走咖啡前都會乖乖投幣。因此，要激發道德情操，還不需要請上帝來監視，只要讓當事人覺得有人在看他。

接下來我們做個總結。

首先，迷信可以在當下給人安慰，但不一定有實際的效用。穿上幸運襪子去參加考試，你會比較安心，但這不保證你能取得好成績。

再者，有明確的證據指出，儀式可以減輕焦慮感、恢復控制感，正如在實驗中，受試者更敢在陌生人面前唱歌，或是更能解開數學小謎題。有效的儀式不一定要包含魔法咒語。許多人遇到困難時，都有自己的一套小儀式，但不一定跟迷信或宗教有關。

最後我們發現，積極參與宗教活動的人都過得比較快樂，某些領域的表現也比較好。不過，這些好處顯然不是來自於對上帝、聖人或其他超自然力量的信念。積極參與社群活動，不論是加入編織社團還是上教堂，都是有益的。在非理性信念作用下，人會有些小儀式或加入宗教團體，這就是妄想的益處。但後面我們會談到，就算沒有妄想，也可以獲得相同的好處。

# 5

# 山盟海誓攏是假

**愛是理智判斷的敵人，但有時會給人帶來益處。**

——美國小說家塔雅莉．瓊斯（Tayari Jones），《婚姻生活》

熱戀總是令人沉醉。當時我總喜歡與伴侶談天說地，有次我從男性觀點發表了高見：「當然，從理論上來說，全世界有好幾億人。每個人可選擇的伴侶非常多，而幸福生活也有很多種……」

我真的是大錯特錯。

我都還沒有提到更重要的論點，伴侶的反應就非常激烈。「不！這不是真的！別說那種話！」她始終認為，我們是獨一無二的靈魂伴侶，所以對我這番發言感到很失望。她在各方面都是有理性、有科學精神的人，但在感情問題上，她相信命運的安排，深信彼此都找到了可以長相廝守的人。

我當然很愛她。我重視理性思維，但也有浪漫的一面，很容易在看書或看電影時落淚，也很熱愛音樂、藝術和劇場表演。我與許多人建立了深厚的關係，也有一輩子的好朋友。但我認為她說的那些話沒有道理，就統計上來說，沒有什麼獨一無二的伴侶。

回首前塵，我不禁懷疑，其實我的伴侶也明白自己所說的話不合邏輯。但是，她寧願相信我們是靈魂伴侶，也希望我這麼認為。儘管就現實來看，我跟她都有其他選擇，但她仍舊保持堅定的信念，認為我們是獨一無二的情侶。她希望我們能對彼此許下承諾，長久走下去。

幾年後我們分手了，兩人各自走上不同的道路。我一直在想，那次對話也許撕開了一道裂縫，再加上其他因素，最終才導致這個結果。

## 結婚誓詞既不真誠又不理性

對於超級理性又誠實的人來說，要唸婚禮誓詞一定很難受，除了彼此承諾愛和忠誠外，還要說出「至死不渝」。在互相宣誓的那一刻，大多數夫妻都沉浸在愛情的溫暖光芒中，也真的相信自己說出的話。但我們也知道，美國有一半的婚姻最終以離婚收場。[1]在二〇一二年，美國人第一次婚姻的平均維繫時間為十二點三年。[2]不光如此，好萊塢明星們也在幫忙拉低這個數字。[3]英國大文豪王爾德說過：「第一次婚姻是想像力戰勝了理智；第二次婚姻是希望戰勝了經驗。」雖說是冷嘲熱諷，但卻不乏實質證據的支持；你應該猜到了：第二次和第三次婚姻的失敗率更高。

與基督教的習俗相比，猶太教和伊斯蘭教的結婚規範就考慮到離婚的可能性。猶太教規定，除非丈夫白紙黑字同意，妻子才能與其離婚，而這份文書被稱為「蓋特」(get)。

因此，猶太教改革派便提出了婚姻契約「克特巴」(ketubot)，好讓離婚的條件更公平，並提出更多方案來幫助已婚婦女。同樣地，在伊斯蘭教的婚姻契約中，有註明在離婚或丈夫去世時，妻子的財務應該如何處理。[4]在傳統上，這兩個宗教的離婚條件都對女性都很不公平，正因如此，猶太教改革派便承認，只要法律上離婚，婚姻關係就結束了。

然而，仍然有許多基督徒得做出「至死不渝」這樣的承諾。在二〇一三年，佛羅里達州有位律師建議，夫妻可採用「婚姻租約」(wedlease)來取代傳統的結婚制度。也就是說，雙方的婚姻協議期限為五到十年，屆滿時雙方可討論要不要續約。在婚姻租約中，雙方仍可保有自己的財產，但都必須拿出「保證金」，如果有一方要提前結束租約，另一方將獲得保證金。但就我所知，應該沒什麼人去嘗試這套辦法。

近年來，哲學家都在討論，既然我們都知道有半途而廢的可能，那是否還應該做出承諾(包括婚禮誓言，還有戒菸、減肥或參加馬拉松的宣言)。關鍵在於，做承諾的當下很難同時保持理性又真誠。以戒菸為例，大家都知道成功機率很低，但你又一再承諾會戒菸，這就犯了不真誠(對自己沒信心)和不理性的(忽視數據)的毛病。

對我來說，理想的結婚誓詞應該是要真誠又理性，而且不帶有任何承諾，比如真心說出「我希望與你相伴終生，也會為此而努力」。但這聽起來不太浪漫就是了。對於渴望靈魂伴侶的人來說，若對方透露將來有變故的可能，就難免會感到失望。

英國哲學家馬魯希奇（Berislav Marušić）認為，即使客觀證據（比如政府所統計的數據）顯示離婚的機率很高，但說出結婚誓詞也並非不負責任的行為。[6]他認為，雖然不少人最終還是會違背承諾，也有些人結婚前對伴侶並不忠誠，但他們仍然有理由相信自己會陪伴侶走完一輩子。除了政府的統計數據以及自己過去的感情經歷，你也應該考量堅守承諾的理由，並下定決心去執行。雖然會有失敗的可能，但只要有足夠的理由讓你保有信心和真心，你就能勇敢地許下承諾。畢竟你真的愛著對方，也相信他愛你，更希望這段關係能天長地久。

馬魯希奇的論點是基於「行動力」。既然你決定要真心對待伴侶，也相信自己能做到，就可以許下真誠又理性的承諾。他還建議，你也該讓伴侶知道，你已考慮到的失敗可能性，以增加他的信任感。

## 用善意的謊言維繫感情

馬魯希奇的理論違背了一般人對結婚誓詞和愛情的看法。許多人在唸誓詞時，都相信自己既理性又真誠，更堅信兩人是靈魂伴侶。但也許在未來，這項承諾會黯淡無光，他們對另一半的感覺變了，甚至於移情別戀。大家都認為，墜入愛河或愛意消失不是自己能控制的。我們也很容易愛不對人。

美國詩人艾蜜莉．狄金生、導演伍迪．艾倫和歌手席琳娜．戈梅茲（Selena Gomez）這三人看起來沒什麼關係，但都在不同脈絡下表達了類似的觀點：「我的心只聽從自己的聲音」。[7] 許多人都說，自己是「無意中墜入情網」、「被愛情沖昏了頭」、「像被電到一樣」，總之，一切都不在自己的掌控內。

在一百三十七對荷蘭夫婦中，研究發現，有百分之四十三的人表示自己是「一見鍾情」而愛上對方。[8] 雖然他們會在無意中微調自己的回憶，以強化那種命運感。英國小說家朱利安．拔恩斯（Julian Barnes）在他的小說《唯一的故事》（*The Only Story*）中寫道：「誰能控制自己有多愛呢？如果可以的話，那就不是愛了。我不知道如何稱呼它，但那並不是愛。」[9]

但有些人有不同的看法。在電影《偷情》中，男主角丹向他的女朋友艾麗絲坦白他與安娜發生了婚外情：

艾麗絲：「這是怎麼發生的？你怎麼能夠跟別人發生這種事？」

丹聳了聳肩。

艾麗絲：「我無法接受！」（開始整理行李）

丹：「我愛上了她，艾麗絲！」

艾麗絲：「哦，講得好像你沒有選擇一樣？總會有一個時間點，永遠都會有那樣的時刻：『我可以屈服於這種感受，又或者可以抗拒它』。我不知道你的那個時間點發生在什麼時候，但我跟你打賭一定有。」

很明顯地，這兩個人在評估情況時，各自都有偏見。受傷的愛人都會強調背叛者明明有選擇的機會，而後者會表示情況失控、自己無能為力。許多人都唸過婚姻誓言或做過類似的承諾，所以會站在艾麗絲這邊。如果丹在承諾時是依照馬魯希奇的理性承諾法，艾麗絲還可能會釋懷。

人是否能掌握愛情的起落，我會於第九章再討論。戀人總想聽到伴侶親自說出靈魂伴侶、至死不渝這些論調，雖然它們是不理性的。只要有一方暗示彼此並非命中註定要彼此相守，對方就會有強烈的反應。在婚禮中，如果某一方沒有表現出「至死不渝」的態度，另一半一定會感到非常失望。

這時，撒謊就是個好辦法。戀人都心知肚明，彼此難免會互相欺騙。在莎士比亞的第一百三十八首十四行詩中，詩人和他的年輕愛人（他稱為「黑暗淑女」）就達成這種默契：

**我的愛人發誓說，她一定會保持誠實，**
**我相信她，縱使我知道她在撒謊……**

詩人假裝相信他的愛人，也知道她在撒謊，她甚至會隱瞞自己的感情狀態。但詩人自己也在騙自己。詩人總擔心自己變老了，但卻選擇相信愛人的說詞，說他看起來還很年輕：

**她說我依然年輕，我感到很虛榮，**
**儘管我知道自己最美好的歲月已然逝去……**

莎士比亞在最後的兩行詩文中總結兩人的關係：

**因此，我和她，她和我，一起說謊，**
**在此過錯中，我樂嚐諂媚的滋味。**

戀人希望被騙，這是流行音樂中常見的主題。例如，在一九八三年的熱門歌曲〈騙我吧〉（Tell Me a Lie）中，珍妮．弗里克（Janie Fricke）唱道，有位女子請求一個已婚男子對她撒謊，說他愛她，兩人還要共度一夜春宵。[10]

夫妻間也會對某些事情心照不宣，以達成一種默契。有些善意的謊言的確會讓我們好過一點，比如有人禮貌地稱讚自己的外貌（「好久不見，你最近變漂亮了」）。哲學家克蘭西．馬丁（Clancy Martin）主張，為了維持健康的關係，偶爾撒謊是有益的。若有一方不切實際地認為凡事都要坦白，反而會危害到這段關係。「想在生活中擁有愛，最好撒點謊，也最好相信一些謊言。」[11]他指出，哲學家康德說過，撒謊是絕不可接受的行為；而康德終其一生未婚。

伴侶間的謊言以及那些不合邏輯的說法，其實有其用處。況且，說這些話也並非不合理的行為。我們在第二章中有談到，說謊的人絕非神智不清；這個行為是也許不道德的，但不見得不合理。當事人知道真相，並努力去掩蓋它，所以他們在做的事情符合古典經濟學家所謂的效益主義。他們盤算過說謊的好處，所以寧可冒一點風險。

在莎士比亞的那首十四行詩中，雙方都知道真相為何，也理解撒謊的目的。對詩人來說，謊言比真相更令人安慰；而「黑暗淑女」也知道，詩人並不相信她，所以她的行為也是合理的。同樣地，在〈騙我吧〉這首歌中，主角很清楚自己的處境，卻需要對方的謊言來安慰自己。我想，當年我的伴侶也知道事實為何，但她希望我也能相信彼此是靈魂伴侶。而那段關係會如此脆弱，可能就像馬丁教授說的，我對「坦承以對」有不切實際的期望。

## 白頭到老的妄想

結婚誓詞的情況比較複雜。人類設計這種儀式，是為了預防自己意志薄弱，無法走完婚姻。天主教基本上禁止離婚，但其他宗教都已沒有這項禁令了。[12]

婚禮是一種重要的社交活動，但在我所居住的康乃狄克州，只要找來一位主婚人，這場婚禮在法律上就有效了。有天早上我沿著海邊跑步時，就看到一男一女加一位牧師在舉行婚禮。但大多數的婚禮都很隆重，新人得在數百名賓客的見證下，對彼此許下諾言。

關於這種隆重的儀式，我個人認為，若當中有一方將來違背誓言，那前去參加的親友都會很尷尬。可想而知，在大多數情況下，婚禮並沒有發揮眾人所預期的效用。我曾經花了很多錢去國外參加親戚的奢華婚禮，結果一年後他們就離婚了。

婚禮要公開舉辦，這樣新人才會感覺到親友的祝福與期待。因此，來參加的嘉賓跟你的未婚妻一樣，絕不會滿意你只說了「我會盡力維繫婚姻」。在克利福德的例子中，船東對於自己船隻的適航性其實沒有十足的把握，但還是昧著良心讓它開出去。同樣地，就算你懷疑自己無法從一而終，但在親友們的巨大壓力下，你也只能撇開這些疑慮。因為你非常渴望取悅另一半以及前來參加婚宴的賓客，所以會不斷說服自己，婚姻絕不會觸礁。

對於那位船東和新人來說，信念與行為相衝突（即認知失調）所產生的不適感，只要改變信念就能解決。根據克利福德的描述，雖然船東懷疑那艘船的安全性，卻還是選擇忽略它。同樣地，辦完婚禮後，新人會隨著時間的推移而改變想法。但他們都知道這些誓言對彼此的重要性，所以會刻意排除破壞婚姻的因素，並使自己相信，他們會並珍惜配偶，至死不渝。

確實，有些熱戀的情侶和新婚夫婦都相信彼此的承諾，雖然在客觀上來說那些誓言是不理性的。此外，虔誠的猶太教信徒也會深信對方是「命定伴侶」（bashert），就是命中注定的完美伴侶。但還是有許多人認為，從統計上來看，要找到獨一無二的靈魂伴侶，機會其實很渺茫。既然成功的機率不確定，還要許下這麼重大的承諾，這是不理性的。就算你住在離婚率很低的地區，也不代表婚姻的承諾是理性的。

由此看來，白頭到老只是妄想，但它們是否對當事人有益呢？從當前的研究看來，它們應該是正面的妄想。真誠地說出結婚誓詞或其他的浪漫宣言，伴侶就會有所反饋，在此正面的循環下，伴侶關係也因而強化了。這些信念會創造出自我應驗的預言。就像醫生對病患強調某項治療法的效果，讓患者保持希望；這就是安慰劑效應。雖然離婚的人還是很多，但我相信這些信念有實際的價值。

愛情不是理性的，也不是非理性的，但它確實有助於物種的生存。在美國小說家查爾斯・巴克斯特（Charles Baxter）的小說《愛情盛宴》中，主角的女友如此說道：「愛情只是浪漫的胡扯，這一切都是大自然的詭計，最終都只是為了將更多嬰兒帶到世上。」從演化論的角度來看，愛情是有意義的，因為要照顧一個嬰兒著實需要付出大量的時間和勞力，所以需要身邊有人時時刻刻支持自己。

## 自信的人約會也比較吃香

妄想可以幫助你找到合適的伴侶。就像在其他社交場合和工作環境中一樣，過度自信在戀愛場合中也能帶來正面的回饋。不少研究顯示，人們覺得有自信的人更有吸引力。例如，研究人員設計了一項速配活動，男女大學生分別進行了為時四分鐘的對話。結果女同學發現，較有自信的男同學更有吸引力，也更願意與他們再次見面。[13]然而，自信也是一把雙面刃。

許多研究單位都用「誇大其詞問卷」（Overclaiming Questionnaire，簡稱OCQ）以判定過度自信的人。受試者要評估自己對各議題的熟悉度，它們出自於十個不同的知識領域，類似電視上的益智節目一樣。這十個領域有：歷史、美術、語言、詩詞、作家、社會科學、物理、生命科學、流行文化以及時下消費性產品。[14]對於每項事物，受試者給予一到七的分數；一代表「從未聽說過」，七則代表「非常熟悉」。研究人員還隨機插入了三十個並不存在的東西。在物理的部分，有些真實存在的事物（如「曼哈頓計畫」和「板塊構造」），但也包含了「可洛因」和「碟形視差」等根本不存在的概念。最後，研究人員加總了受試者對假事物的分數，來評測他過度自信的程度。

得分高的人有許多特質，包括自我感覺好、韌性強，所以他們更有辦法應對生活中的挑戰，但也因此比較自戀。[15]

澳洲和美國的研究人員設計了一套約會實驗。受試在完成「誇大其詞問卷」後，再撰寫一段簡短的自我介紹。[16]研究人員會根據性取向，將這些自介給第二組的受試者看，並請後者去猜測前者的特質與個性。

問卷得分較高、自以為了解虛構事物的過度自信者，其所得到的評價很分歧。如大家所預期的，過度自信的人在自介中更有自信，但也可能讓人感到傲慢，而這是初次見面最令人討厭的印象。因此，過度自信的人給人的印象有好有壞。

事實上，這些人得到的好處還是比較多。在後續的研究中，研究人員想了解，過度自信是否能提升競爭力。[17]所有受試者都拿到另一位競爭者的自介，接著進行選擇：是要與此人競爭同一個對象，還是選擇離開，去參加其他類型的社交活動。不意外地，過度自信的受試者會留下來參加競爭。另一方面，如果受試者拿到的自介是來自於問卷分數較高的過度自信者，那他們就會退出。因此，就算過度自信不會使你更有吸引力，但它能幫你排除掉競爭者。

隨後，其他研究人員前往澳洲的一所私立學校，對男同學進行長期研究，結果顯示，過度自信的確有社交上的益處。[18]首先，研究人員請男孩評估自己的運動能力和智力，接著再比對客觀報告，以評估他們的自信度。他們還請每位同學列出十個與自己最要好的同學；只要在眾人名單中出現的次數越多，就越受歡迎。結果顯示，對智力和運動能力過度自信的同學，心理也比較健康，而且等到相處久了後，那些身強體壯的人會更受歡迎。我們還不清楚，在男校中受歡迎的人，往後去參加約會是否比較吃香，但對自己稍有自信總不是壞事，至少能多交些朋友。

最近還有兩項研究值得一提，自我欺騙是否有助於找到性伴侶。[19]這兩項研究的對象都是男女大學生，透過問卷調查，就能衡量他們是否太高估自己的正面特質。首先，受試者要回答這個問題：「我是否總是知道自己喜歡某些事情的原因。」我們通常會毫無理由地喜歡某些事情。因此，如果受試者對這個問題評分太高的話，就代表對此多少有些妄想。

根據這兩項研究結果，深信自己很優秀的受試者，性伴侶的確比較多。但可惜的是，第一項研究只印證在男性身上；而後者只在印證在女性身上。這可能是研究方法不同造成的。總之，科學家仍在研究過度自信是否有助於增加性伴侶。

最後要特別一提，異性戀男性總是高估女性對他們的性趣，甚至有兩性專家撰文提醒男性「不，咖啡師不是在挑逗你」。男性有這類妄想時，就會想去追求對方，儘管成功機會很低。然而，咖啡師拒絕你的告白時，你當然會很難受，但從長遠來看，這種妄想還是有不少好處。[20]

## 愛情經濟學

因此，自我欺騙有助於找到另一半，但更重要的是，建立長久的關係後，對愛情的幻想是否能有正面效用。如今有越來越多人選擇保持單身，[21]雖然如此，在二〇一二年，我進行了一項研究名為「回顧一生」，結果顯示，婚姻和家庭仍然是重要的人生目標。[22]透過線上調查，我訪問了四百七十五位成年人，我列出十個能達成的人生目標（如婚姻美滿、家庭幸福、經濟富裕、做人善良等），並請他們想像，如果生命就快要結束了，他們會想先達成哪個目標？結果顯示，最多人渴望的成就是「擁有幸福的家庭」，且人數遙遙領先，而「婚姻或愛情美滿」排名第二，詳細數字如下：

**「回顧一生，你最想完成的成就」：**

**家庭幸福 31.6%**

婚姻或愛情美滿15.4%
做個好人14.9%
生活多采多姿14.3%
經濟富裕10.5%
幫助有需要的人5.9%
在藝術方面有成就3.4%
在科學方面有成就2.3%
成為某個領域的權威1.5%
享有名氣0.2%

這項研究在世界各地的結果有一些差異，但一般來說，有伴侶會使生活更幸福，特別是對女性而言。[24]平均而言，結婚的人比單身的人更幸福，但結婚的快樂會從婚禮後不斷往下掉。穩定的性生活是結婚的好處之一，但隨著時間的推移，其頻率會減少，而當事人對婚姻的滿意度也會下降。在我的調查中，大家都把幸福家庭視為最重要的人生成就，但在有了孩子後，婚姻滿意度就會降低（孩子越多越低）。[25]有時你所期望的事物也會變成負擔。孩子成為青少年時，父母的幸福感達到最低點，但孩子離家後，幸福感會大幅恢復。換句話說，空巢期就是快樂的泉源。[26]

婚姻生活很有吸引力，但建立和維持關係並不容易。在經濟學教授蓋瑞．貝克的婚姻市場論當中，個人會按照自己的喜好進行排列，以追求最有效益的婚姻關係。[27]遠在Tinder等交友軟體出現前，貝克就已經提出了這個觀點。

許多觀察家也陸續用經濟的角度來分析婚姻生活，他們指出，只要利益超過成本，婚姻關係就能維持下去。事實上，許多已婚的人都有這種觀點。心理學家伯納德．默斯坦（Bernard Murstein）研究過許多夫妻，發現大家多多少少都有「條件交換」的想法。也就是說，夫妻會暗自盤點彼此的職責和權利，設法不虧本。[28]最精打細算的伴侶甚至會說：「我每週洗碗三次，另一半也不能少於三次。」從古典經濟學的角度來看，婚姻市場裡有隻看不見的手，雙方會自然達成彼此都滿意的交易。但默斯坦發現，這樣的夫妻感情其實都不太好。

我自己在婚姻中犯下的錯誤是，我和前妻財務分開，家務和家中開銷也都要平分。

當時默斯坦是我的同事，他警告說，這種做法沒有好處。我的婚姻維持了二十年，最後走上離異一途。平均來說，美國人的第一段婚姻都撐不到二十年。回想起來，兩人對日常事務和開銷斤斤計較，就很難建立起信任感（或者我們本來就對彼此缺乏信任感才這麼做）。總之，過度理性對婚姻是有害的。

在《理性激情：情感的策略功能》（*Passions within Reason: The Strategic Role of the Emotions*）一書中，經濟學家羅伯．法蘭克（Robert Frank）指出，基於市場考量的感情關係並不牢固。[29]一開始兩人會很快樂，但只要出現更有吸引力或更有錢的人，感情就會動搖了。換伴侶當然會有代價，但從消費主義的角度來看，喜新厭舊也是合理的。

另一方面，無私、不計較、深愛著彼此的伴侶，感情會更加穩定，雖然這種感情並不理性，也不符合經濟學上的自利原則。理性上來說，出軌是一種自利的選擇，但當事人都會感到內疚。幽默作家大衛．塞德里（David Sedaris）在接受美國公共廣播電台的採訪時，如此描述他與伴侶之間的關係：

**有時我會夢到與別人發生性關係，但這時我也會想著：「怎麼會這樣，我一定得告訴**

另一半。我不能對他有所隱瞞。但我們的關係完了。」我甚至在夢中都不能出軌。[30]

當然，有些人能克服愧疚感而跟人發生婚外情，大部分人都已社會化，誘惑出現時，總會有罪惡和焦慮感。不過，為了在夢中出軌而感到愧疚是有比較誇張，但至少大家都不喜歡有這種負面感受（也擔心偷吃被發現）。總之，不忠行為有這麼多代價，是為了穩定婚姻關係。

## 情人眼裡出西施

在二〇〇〇年，研究人員找來一些大學生，請他們評比二十三種伴侶的特質，以找出自己最喜歡的伴侶類型。[31]結果發現，排名第一的特質就是「誠實、可信賴」，比起性行為的滿意度，前者對於長期關係尤其重要。不過，莎士比亞、鄉村音樂歌手以及哲學家克蘭西・馬丁都指出，要維繫長久的伴侶關係，一點點的不誠實是有用的。所以，儘管大學生喜歡誠實這項特質，但為了維持感情穩定，有些謊言是有益的（包括下班後偷偷跑去喝兩杯），所以它不是妄想。

有些人確實對關係和伴侶有不切實際的期待，例如相信對方是對方獨一無二的靈魂伴侶，認為世上只有此人與自己如此合拍。那麼，這種妄想對關係有幫助嗎？當然有。誠實和信任是身為伴侶最重要的特質，但過於現實和理性就對感情沒有幫助了。有些夫妻確實會將對方理想化，但大量的證據顯示，徹底誠實不是最有益的相處之道。我們都以為，剛開始談戀愛時把對方想得太好，最終難免會感到失望，但事實並非如此。

每個人心目中都有理想的對象，也會評估伴侶的好壞。研究人員已找到方法，用以判定我們對伴侶有哪些不切實際的看法。首先，研究人員找來多位伴侶，並請他們彼此評估，接著描繪其理想中的伴侶。如果這兩項描述的內容很相似，那受試者就是將伴侶給理想化了。當然，搞不好有些人從客觀上來看真的是完美的伴侶，所以受試者也要自評。而先前的研究顯示出，自評大多與現實相符。因此，若受試者對其伴侶的評價很完美，但對方的自評卻沒那麼好，那這位受試者就是想太多了。為了保險起見，有些研究人員還會找來伴侶的共同朋友，請他提供第三人視角的看法。

大多數研究顯示，對伴侶有不切實際、較為理想的看法，對於婚姻有長期的正面影響。水牛城大學的心理學教授穆雷（Sandra Murray）花了三年去追蹤兩百二十二對新婚夫妻的感情狀況。[32]正如預期，他們對於婚姻的滿意度會逐漸下降。研究人員把這些伴侶分成兩組。首先，一開始就把彼此當成天生一對的伴侶，這三年來的婚姻滿意較高。在二〇〇六年，另一組研究員人追蹤了一百六十八對新婚夫妻的相處情況，時間長達十三年，其結論是：「步入婚姻時，若把彼此當成獨一無二的理想對象，戀愛感就比較不會下降」。[33]

穆雷後來又研究了一百零五對夫妻。她發現，把對方當成最心目中最理想的伴侶，夫妻的感情就會好。[34]他們都相信對方最了解自己、彼此是靈魂伴侶，儘管客觀上來說這些信念都沒什麼根據。由此可知，真實和現實並不是愛情與幸福的堅實基礎。

當然，有些人會覺得，把自己的婚姻理想化的夫妻，其實感情沒有特別好，只是忽視了彼此的缺點和衝突。但根據穆雷的研究，情況並非如此。[35]在長期追蹤後，穆雷發現，將自己和伴侶理想化，婚姻會更美滿。他們以過度樂觀的態度去經營兩人生活，深信自己過得很幸福，因此也在不知不覺中強化了這段關係。

不難猜到，許多研究顯示，伴侶彼此對婚姻生活的滿意度低，就很容易離婚。[36]但到目前為止，研究人並未發現靈魂伴侶的妄想可以防止離婚。我們推測，幸福的妄想能提升婚姻生活的品質，但只要有更強大的負面因素，離婚還是難免的。[37]因此，對伴侶的正面幻想會使婚姻更加幸福，但並不能保證不會離婚。

## 非理性才叫做愛

成為過度自信或浪漫的人有哪些好處？又要如何成為這樣的人？以我自己為例，我想對伴侶表達深深的愛意，但要我去接受「獨一無二」這種想法，除非我改變個性和觀念。但我是個熱愛數學與心理學的學者，很難將自己的所學置之腦後。因此，在前一段婚姻中，我選擇與另一半財務各自獨立，並公平分擔家務。有許多人樂於去貫徹「至死不渝」的結婚誓詞，但有些人卻對此感到惶惶不安。他們也深愛對方、期待步入婚姻，但是出於良心的呼喚，他們無法承諾自己做不到的事情。也就是說，他們只要內心有疑慮，就沒有辦法忽視它們。

那麼，要如何減少現實感，堅信對方是心目中完美的伴侶呢？我將在第十章為各位解答。

# 6

# 穿梭陰陽界

我不相信眞正的愛會遇到無解的阻礙
若有，那便不是眞愛
眞愛不會因困難而變節
眞愛不會因困難而放棄
絕不，因爲愛是亙古不移的燈塔
面對風暴亦不爲所動
因爲愛是指引迷航的恆星
價値無可比擬
眞愛不會因時間而流逝
儘管容貌受到歲月的摧殘
眞愛依舊如昔，分秒不變，直至時間的盡頭
此言如若有誤
我就不會寫過詩文，亦無人有過眞愛

——莎士比亞，第一一六首十四行詩

我朋友蘇珊的丈夫是外表粗獷的越戰老兵，但也是位卓越的藝術家。在他剛過世幾個月後，蘇珊將他的作品拿去裱框，並送給了朋友們。如今，我客廳的牆上掛著一幅小型的抽象畫，上頭有二十五個如撞球般的數字圓圈，完美地排列成五行五列的正方形。這件作品同時傳達出秩序和失序；數字以隨機的方式排列，當中有二十個圓圈用鉛筆畫成，表面汙漬斑斑，剩下五個圓圈被塗成黃色，成為這幅朦朧的黑白作品中唯一的色彩。

過了一年後，蘇珊看來調適得很好。我們也不用擔心她了。她重新回到工作崗位，也常上教堂，甚至還再婚了。

我的另一位友人瓊．蒂蒂安也經歷了某種轉變。在她丈夫去世一年後的聖誕節，她前往聖約翰大教堂，將一串花環掛在銅棒上，後面則是家族墓穴的大理石人名牌。她離開教堂時，心中閃過一個念頭：

> 我們都想讓逝者活在自己的心中，彷彿他們還在身邊。我也知道，想要繼續生活，就得放下逝者，讓他們離開，讓他們安息。[1]

對於蒂蒂安來說，花環象徵了她和伴侶在夏威夷的快樂時光。在《奇想之年》的結尾，她寫道：「我在聖約翰大教堂留下的花環，現在應該已經變成了褐色。」[2]

## 哀悼的階段因人而異

美國精神醫學協會是正常（心理健康）和異常（心理疾病）的把關者，不過一般人的悲傷心情（grief）究竟屬於前者或後者，始終沒有定論。多年來，該協會所出版的《精神疾病診斷與統計手冊》（DSM）經歷了多次修訂，並增加了多項新診斷。

目前二〇一三年的第五版是一本近千頁的磚塊書。在以前的版本中，悲傷沒有被列入憂鬱症的起因，否則許多情緒都會被當成疾病，進而導致抗憂鬱的藥物太氾濫。但在DSM第五版中，喪失親人首次被列為導致憂鬱症的因素。根據美國精神醫學協會的說法，憂鬱症由多種因素所引起，如果不把失去親人的悲傷列入診斷，就無法發現患者潛在的痛苦。[3]

時至今日，精神科醫生會幫你的悲傷設定計價代碼（情況輕微是二九六・二一，中度悲傷是二九六・二二），並開立處方藥物給你。[4]

對大部分人來說，親人過世時的悲傷程度是幾級，其實並不重要。那當然是毀滅性的人生事件，很少人想要因此去看醫生。我不知道蘇珊或蒂蒂安是否有去接受憂鬱症的治療。[5]她們一直覺得丈夫可能會回來，所以終日心神不寧，而這種情況並不罕見。

心理學家或精神科醫生大概會認為，蘇珊和蒂蒂安拒絕接受現實。「否認」是哀悼的階段之一。美國精神科醫生庫伯勒—羅斯（Elizabeth Kubler-Ross）在其一九六九年出版的經典著作《死亡與垂死》（*On Death and Dying*）中指出，否認、憤怒、討價還價、沮喪和接受是哀悼的五個階段。[6]根據庫伯勒—羅斯的觀點，這些是哀悼者的典型反應，唯有一一經歷，才能接受現實。

學界在很早以前就已了解：哀悼是一項工作（grief work）。在一九一七年，佛洛伊德發表了〈哀悼與憂鬱〉（Mourning and Melancholia）一文。[7]在他看來，對逝者要念念不忘非常久，才有辦法放下；在此之前，我們很難再跟人建立起深厚的感情。大家很快就接受這是哀悼的本質，階段性理論也在隨後出現。

在庫伯勒—羅斯之前，依附理論專家約翰·鮑比（John Bowlby）也提出了他的哀悼階段論。[8]有趣的是，無論是鮑比還是庫伯勒—羅斯，都不是直接去觀察哀慟者而得出這些結論。鮑比假定，家屬與逝者斷開連結的過程，就如同嬰兒成長後逐漸與母親分離。庫伯勒─羅斯則是觀察瀕死的內科重症患者，研究他們在得知自己診斷後的心路歷程。這兩種情境與親人過世後的調適情況非常不同。[9] 今日大多數的研究者也都不支持階段論和哀悼工作等觀念。

與早期理論相反，現代學界普遍認為，哀悼的過程因人而異。大多數人都很有韌性，而佛洛伊德和庫伯勒─羅斯所提倡的哀悼工作卻會帶來反效果。[10] 現代人不會逼自己要放下，而是會做些其他事情來分散注意力，以減輕親人剛過世時的情緒波動。

此外，我們也不再逼自己斷絕情感上的連結；把逝者放在心裡，對自己才有幫助。死亡代表生命的結束，但不一定是關係的終點。有些人喜歡想像所愛之人在天堂中享福，有些人會透過簡單而持續的紀念行為，將逝者融入生活中，比如經常去掃墓。蘇珊會將丈夫製作的藝術品送給親友們，因此過去十幾年來，她丈夫一直是我們朋友圈的精神象徵。蒂蒂安則寫了一本書，談他們夫妻相處的日子，以及她在失去丈夫後的第一年怎麼度過。令人哀傷的是，在她丈夫去世還不到兩年，也就是《奇想之年》出版前兩個月，蒂蒂安唯一的孩子昆塔娜去世了。她在下一本著作《藍夜》（*Blue Nights*）中，便緬懷了這段母女關係。[11]

## 「彷彿他們還在身邊」

蘇珊和蒂蒂安的這些妄想有益處嗎？喪親者看到、聽到、感受到逝者的存在，甚至與其進行對話，這是常見的現象。我們也常在街上把偶然一瞥的陌生人誤認為已故的親人或朋友。許多人都有過類似的經歷，無論他們是否相信人有來世。但蘇珊和蒂蒂安都沒有這種妄想。相反地，她們有一種矛盾的意識，既沒有懷疑丈夫已逝的事實，但又心神不寧地想，搞不好親人會死而復生。

這種心情很常見，尤其是摯愛的親友驟逝。一開始，有些人甚至會去尋找所愛之人。大家都還記得九一一恐攻事件後的那些痛苦日子。許多人沒有找到親人的遺體，只好四處貼照片、向人詢問。在一般日子中，即使舉行了葬禮，不管是火葬或土葬，家屬仍然很難接受事實。

研究顯示，大約一半的喪親者仍然會感受到逝去親人的存在。[12]實際上這個數字應該更高，因為講求理性的西方人不太願意承認自己會與往生者對話，更擔心被認為是精神有問題。東方人都會祭祖和舉辦各種儀式，除了慎終追遠，也要讓往生者在另一個世界更加快樂。[13]

我的那兩位女性友人應該有意識到自己有兩種相互衝突的想法：丈夫已逝，又彷彿還會回來。大家還記得第一章所提到的紅、白色果凍豆實驗嗎？雖然受試者的系統二（慢想）知道選小碗成功機率較高，但系統一（快思）卻會被豆子總數較多的大碗所吸引。同樣地，對於蘇珊和蒂蒂安來說，理性腦知道丈夫已逝。但情感腦（直覺與反應）則覺得對方等一下就會回家。蘇珊告訴我，她知道這是不理性又奇怪的想法，但親人剛過世時，很多人都會有這種令人困惑的感覺。

而這種妄想是否有益，科學界尚未給出明確的答案，但是，對於突如其來、令人難以接受的事件，我們也只能這樣反應。今日的悲傷輔導員不會要求當事人去抗拒不理性的想法，也會對當事人表達「尊重、安慰和無條件的關懷」。[14]此外，也有更多學者在研究與往生者對話、感覺逝者還沒離開的心理現象。

親人剛過世時，當事人都會有複雜的悲傷感，並痛苦地依戀著已離去的人。研究人員在丹麥的老年人身上發現，當中百分之五十二的人能感受到已逝配偶的存在。[15]此外，在後者當中，又有六成的老人表示這種感覺對自己有正面的影響，只有百分之七感到不舒服。不出所料，那些感覺較好的老人，都是與另一半結褵已久的未亡配偶。

許多人都會覺得已故的親人還在身邊，但這種感覺是令人愉快或不安，就取決於彼此在過去的關係。英國的研究人員找來十七位受訪者，他們的親友或伴侶已去世一到十一年，但一直感覺逝者還沒走，甚至彷彿聽到對方的聲音。[16]當中有十二位受訪者表示，他們所聽到的內容，對於當前的問題有幫助。例如，有位年輕男子想幫悲痛欲絕的祖父修理壞掉的洗碗機，還聽到剛過世的祖母告訴他該從哪邊下手。其他受訪者則表示受到往生者的鼓勵，能更勇敢去面對困難。還有一些家屬感受到已故親人的指示，去完成其生前未完的任務。有位女性的男友對她隱瞞自己的重病，還突然提分手。她當時相當難過，後來他們復合了。男友去世後，她也常聽到對方的聲音，所以不時想起兩人的甜蜜時光。

當然，也有些受訪者說，往生者上門不是甚麼愉快的經驗。有位女兒就不斷聽到過世的父親還是在罵她。研究人員認為，這種現象是兩人過去的惡性關係所造成的。此外，有時感受到逝者的氣息，會讓家屬感覺更寂寞。因此，雖然這些經驗大都是正面的，但也有負面的影響，這都取決於家屬與往生者過去的關係好壞以及感情有多深厚。

## 割捨不下反而是有用的情感

總之，如果這類經驗是正面又有意義的，那我們沒有理由去抗拒這類妄想。研究人員表示：「與其『徹底告別』或『放下』逝者，還不如讓他們以某種形式存在。」[17]對於喪親者來說，這樣的想法很有用，不但能安慰自己，還能為生活帶來意義。

死去的人無法說話，也不會再出現在家門口，更用不到穿過的衣物。但透過記憶和想像，亡者就可以「死而復生」。許多人都表示，曾經感受到往生者的存在，彷彿他們還在世；這類經驗大多數都是正面的。

目前，悲傷輔導員的工作重點都在幫助與亡者關係不好的家屬。悲傷的感受因人而異，所以治療方案也得量身訂製。蘇珊和蒂蒂安的創傷反應較為明顯，但這方面的研究較少。她們相信「丈夫會回來」，這是至親驟逝的初期反應，也有助於她們逐漸接受事實。這種感受大部分人都喜歡，因為它可以維繫自己與往生者的情感，而不被死亡一分為二。

英國小說家巴恩斯（Julian Barnes）在他的回憶錄中寫道，妻子於二〇〇八年因腦瘤去世後，他經常想隨她而去，連自殺的方式也想好了。然而，他與已逝的妻子仍保有情感交流，於是打消這個念頭：

**未曾經歷過哀慟的人無法理解，雖然親人死後就不能在世上活動，但他們確實還存在。**[18]

妻子去世後，巴恩斯還經常與她交談，也能聽到她的回答。他因此感到平靜，並得到活下去的勇氣。[19]實際來說，帶著對妻子的情感，他才能撐下去：「妻子離世後這四年來，我還能活下去，是因為我覺得她一直都在身邊。」[20]

# 7

# 做惡夢
# 讓你變得更勇敢

**有位臣民夢見自己殺死了皇帝，於是就被皇帝下令處決了。我認爲這種做法沒什麼意義。皇帝應該去了解這個夢境深層的意義；它應該不是像表面上看起來的那樣。**

——佛洛伊德，《夢的解析》

一八七二年十一月，英國博物館的館長正在研究一些布滿雞爪印的石塊。[1] 這位年輕館長的父母是基層勞工，所以他沒機會去念高中和大學。但父親讓他在印刷廠當學徒，因此學會了紙幣雕版的知識和技術。這位年輕的學徒對美索不達米亞的歷史深感興趣，午餐時常去博物館參觀，並研究館藏的黏土碑。靠著自學，他看懂了阿卡德語和楔形文字，後者在公元前三千至前八百年左右盛行於美索不達米亞地區。館方很快就發現，這位印刷廠的工人非常會解讀石頭上的刻痕，於是請他到博物館工作。過沒多久，這位自學成才的勞工子弟就贏過了劍橋大學畢業的同事們。

## 泥板上的夢境預言

在一八七二年那個關鍵的日子，年輕的館長喬治．史密斯（George Smith）翻譯了一塊泥板，上頭記錄著一場巨大洪災的經過（見圖7.1）。他興奮得跳起舞來，還脫掉衣服。目前學界還不清楚他到底發現了多少資訊，但可以理解他當時的興奮之情。

研究古巴比倫歷史的人，大多是為了去驗證《聖經》、《創世紀》等經典的真實性。或許它們只是古老傳說，而其他文化也有類似的故事。史密斯所翻譯的泥板來自於某個

**圖7.1**《吉爾伽美什史詩》的第十一塊泥板，也被稱為洪水泥板，現保存於大英博物館。資料來源：Wikimedia

遺址，它位於伊拉克境內的摩蘇爾。他之所以那麼興奮，是因為他發現其內容很像諾亞方舟故事裡的大洪災。

學界後來才發現，史密斯的成果不僅於此，原來它是《吉爾伽美什史詩》的第十一塊泥板，可說是當今最古老的文學作品。他所翻譯的泥板內容創作於公元前七世紀，但當中所描述的事件可追溯到公元前兩千年。吉爾伽美什國王的英勇故事已經失傳了兩千多年，而來自勞工家庭的喬治·史密斯不但是第一位讀者、還為世人翻譯其內容。

《吉爾伽美什史詩》分布在十二塊泥板上，而每塊都有六列的阿卡德語楔形文字。學界認為，除了這些泥板，古代人應該還有把故事記在其他地方。史密斯解讀了那塊泥板後，學界陸續發現其他泥板的碎片，其中一些是用其他語言寫的，並填補了故事還不完整的部分。

二〇一四年，兩位巴比倫文學的學者發表了第五號泥板的翻譯。[2]除了史密斯所發現的洪水故事，《吉爾伽美什史詩》的情節與《創世紀》中的伊甸園很類似，比如說，人類是神明用土捏出來的。在故事一開頭，吉爾伽美國王用專制的手段壓迫人民。因此，眾神創造了吉爾伽美什的分身恩基度，後者住在野外與動物一起生活。接著兩位英雄多次交手，最終成為朋友。而國王繼續面對一系列的挑戰。

在這個古老的故事裡，主角們在關鍵時刻做了幾個夢。第一塊泥板上面寫道，吉爾伽美什夢見天空中有顆星星掉在他身上，但太重了他無法扛起來。最終，他「像愛妻子」那般愛著、撫摸著並擁抱這顆星星。吉爾伽美什的母親、智慧女神尼姆賽翁為他解夢：有位強大的夥伴即將到來，並成為吉爾伽美什的救星。[3]

在第一塊泥板的第五欄，尼姆賽翁敦促吉爾伽美什去尋找這位夥伴，也就是恩基杜。在第四塊泥板上記載著，吉爾伽美什和恩基杜穿越了重重山脈，前去挑戰胡姆巴巴（雪松森林的守護者）。在旅程的關鍵時刻，吉爾伽美什在山腰上紮營，並做儀式來祈夢：「哦，眾山啊！請給我一個夢境，讓我看到好兆頭。」[4]不過，吉爾伽美什都會對他的夢境感到困惑，而恩基杜則會提出令人鼓舞的解釋。

在古代中東地區，包括巴比倫、西臺和埃及，夢境有多種功能，如傳達神明的訊息、反映做夢者的精神狀態和預示未來。[5]《吉爾伽美什》的泥板完成後，又過了一千兩百年，希臘詩人荷馬也在故事中提到夾帶訊息的夢境。在《伊里亞德》第二卷中，宙斯發了一個「兇殘的夢境」給阿伽門農。在夢中，可敬的老者內斯托爾告訴阿伽門農，趕緊進攻特洛伊城。[6]在《奧德賽》的第四卷中，女神雅典娜派遣幽靈化身為潘妮洛普（奧德賽的妻子）的妹妹。這個幽靈穿過「門閂縫隙」進入潘妮洛普的房間去安慰她。[7]

當代的讀者應該都很熟悉尼姆賽翁對吉爾伽美什的解夢內容。在美索不達米亞和埃及，祭司和智者都會解夢。古代世界充滿危險，所以一般人都很愛占卜和算命。隨機發生的事物，如鳥兒飛、馬奔馳、油滴在水中，都會透露某些訊息，雜亂的夢境也是；而這些都要靠專業人士來解讀。在當時，解夢的書很多，內容列舉各種夢境的含義以及對未來的預示。[8]最有名的著作就是希臘占卜家亞特米多羅斯（Artemidorus of Daldis）所著的五卷《解夢全書》（*Oneirocritica*）。[9]不過，羅馬作家西塞羅就不認為夢境可以預測未來或傳遞神明的訊息，因為他睡夢中所看到的畫面混亂又沒什麼意義。

不難理解，人們喜歡在腦中的午夜電影台尋找意義。八九歲時，我的自行車上有個密碼鎖，但後來我忘記了密碼，鎖就卡在車架上，所以每次騎車時車身就會嘎嘎作響。有一個夜晚，我夢到自己寫出了密碼；醒來後我馬上去找我的自行車，並成功地解開鎖。這事情很神奇，但它並不是夢的預言或神明的訊息，只是我記不清楚密碼了，但有特定的脈絡就可以想起來了。

幾千年來，夢境總是神祕又令人感到好奇。但現代人已經不流行解夢了，除了精神分析學派。[10]此派的創始人佛洛伊德和他的學生榮格都極為讚賞《解夢全書》。佛洛伊德生活在壓抑的維多利亞時代，他認為，人類的行為大多是出於潛意識的動機。

在二十世紀初，他出版了《夢的解析》來闡明自己的見解。首先，夢境不是為了預示未來或傳遞神明訊息，而是用以窺探內心潛藏的動機。夢中出現的故事是人們想實現的願望。[11]不過，潛意識的線索很混亂，所以要有引導者來幫忙，因此解夢成為精神分析的基本實務。榮格也相信，夢境是窺探潛意識的窗戶，也會間接呈現生活上的難題：

> 新郎從來都不會夢見新娘，因為在現實中已經擁有了她。只有感情出現問題，他才會夢見她，這通常都是在婚後才發生的。[12]

## 睡覺是為了修復身體與躲避危險

睡眠有點像死亡。每個人都會睡覺，但很難知道過程中發生什麼事。睡眠和死亡都涉及到意識的喪失，除非進入超自然的領域，否則你很難在夢中有意識地跟自己對話。

夢境很難記住，在起床喝完第一杯咖啡後，就會忘光光了，只留下最生動的畫面。不過，等到生活中的事件變多，那些畫面也會跟著消失。

睡眠發生在意識的邊界外，所以很難研究。唯有透過精密的儀器，才能測出處於睡眠狀態的身體訊號。研究人員有時會叫醒受試者，詢問他們在醒來的前一刻夢到什麼，以記下詳細的夢境報告。不過，睡到一半被吵醒不是什麼愉快的經驗，願意為了科學研究而去忍受這種虐待，應該多得到一點車馬費。

「為什麼人需要睡覺」，就連這麼簡單的問題，目前科學家也沒有共識。有位研究人員稱它為「有史以來最巨大的生物學謎團」。[13]學界提出了幾項合理的推論，最為可信的應是「身體恢復論」。

睡眠並不是持續性的狀態，而是有不同的階段與結構。過程中，兩種主要的腦波狀態會交替出現。透過腦電圖儀器，就能記錄大腦所產生的電波。入眠不久後，大腦會迅速進入「慢波」或「非快速動眼期」（NREM），持續一個小時左右後，大腦會轉為快速動眼期（REM）。此時從儀器上來看，大腦的波動會很頻繁，而且受試者的眼睛會在眼瞼下不斷地來回移動。

在睡眠過程中，NREM和REM每九十分鐘就會切換一次，但前者大多是在睡眠剛開始的時候，而後者是在快要起床前。

從當前的觀察資料來看，身體恢復論應該是可信的。在劇烈的生理活動後，身體所需的NREM時間更長，如果這時被喚醒，當事人會感到昏昏欲睡和疲憊萬分。不過在REM狀態中被喚醒精神會較好；從腦電圖看來，REM的波動模式較接近清醒時的狀態。

有時睡眠不足，白天還是能正常工作，但長期沒有睡飽的話，精神會變萎靡，工作表現也會變差。如果有機會補眠的話，過勞的人會比平常睡得更久，但這無法彌補先前流失的精力。而且，睡不飽的話，免疫力也會變差；在實驗老鼠身上我們發現，長期睡眠不足的話致死率會提高。[14]

「人為什麼要睡覺？」另外一項簡單且最常見的解釋，就是夜晚的世界很危險。睡覺時防禦力會變弱，人在黑暗中的行動力也很差。根據自我保護論，人類和其他日行性動物一到天黑，就會待在同一個地方避風頭。但對於夜行性物種（像蟑螂和老鼠）或是能在黑暗中獵食的物種（像獾、狐狸和貓頭鷹）來說，情況則相反。

## 睡眠對大腦健康有益、還能提升學習力

各種睡眠功能論並不互相排斥，而且學者仍在統合它們的優缺點。不過關於作夢的功能，學界依舊感到很困惑。我們在NREM和REM的階段都會做夢，但在波動較慢的NREM階段，夢境更像是在思考，腦中通常沒有畫面，也不會有瘋狂的情節。而且，思考性的夢境也帶有情緒，特別是生活中有令人焦慮的事情時，你就會在夢中不安地反覆想著它。

REM的夢境比較生動，就像電影一樣。這時身體會處於麻痺狀態（肌肉鬆弛），所以不會隨著夢境而亂動，有些睡眠障礙與此有關。例如，喜劇演員麥克・伯比葛利亞（Mike Birbiglia）在REM階段無法進入麻痺狀態，如果不治療就會半夜起來夢遊。他有次在單人脫口秀中談到，有次他睡到一半就穿著內褲從旅館的二樓窗戶一躍而下。[15]為了對付這種睡眠障礙，他現在有吃藥，且晚上睡在睡袋裡。

根據另一套睡眠理論，在這段時間，大腦的神經細胞和突觸會受到刺激，於是變得更健康。突觸是神經細胞間微小的連接部分，需要受刺激以維持其功能，而且在日常生活中，不是所有突觸都會派上用場。

這套說法在嬰兒身上最能證實。大腦正在快速生長的嬰兒，與成年人的睡眠時間剛好相反；每天清醒八小時，睡眠十六個小時。當過父母的也都知道，嬰兒隨時都會睡著或醒來。要經過一段時間，嬰兒才能習慣白天活動、晚上睡覺的模式。這時新手父母才會感到一點點幸福。

此外，嬰兒睡覺時會先進入REM，持續的時間跟和NREM一樣長。隨著年齡增長，孩子的REM時間會逐漸減短，大約在十歲左右達到成人水平，也就是佔去百分之二十到二十五的睡眠時間。因此，睡眠對於神經細胞的健康和突觸的新連結非常重要。

此外，睡眠（特別是REM階段）能鞏固我們在白天所學的知識和記憶。在某項實驗中，研究人員要測試受試者的感知能力，所以要從一堆線條中選出一條角度異常的。只要他們好好睡一覺，挑選的速度就會變快。

在另一項著名的研究中，研究人員也一樣要測試受試者的感知能力（見圖7.2）。受試者在睡覺時要佩戴腦電圖設備，以監測其睡眠狀態。[16]頭上黏著電線肯定不好睡，研究人員還會在REM時期干擾他們。結果，雖然受試者睡了一晚，但REM的時間大大減少。為了做出比較，針對另一組受試者，研究人員會在NREM階段吵醒他們。

**圖7.2** 受試者的任務是找出粗細與方向不同的線條。

研究人員驚訝地發現，在NREM階段被弄醒的受試者，其白天的表現不受影響，而且做認知測試時比前一天還穩定。不過，在REM時間較少的受試者身上，就看不出來睡了一晚有什麼幫助，因為其認知能力沒有恢復，學習的成果停在原點。依此，研究人員得出結論，REM有助於確保感知上的學習效果。不過，只要受試者一學會該項技能，就算在REM的階段干擾他們，也不會影響其表現（雖然心情會很差）。

透過不同種類的學習實驗，我們證實了睡眠有助於鞏固學習效果。然而，大腦不是以相同的方式去鞏固各類型的記憶。睡眠對於程序性記憶（如算數、推理）比較有用，但對於陳述性記憶（如背下元素週期表）就比較沒效。此外，有些抗憂鬱藥物會使人無法進入REM，不過患者的記憶力沒有受影響，這可能是因為其他睡眠階段也發揮了鞏固作用，但學界仍然不清楚其細部的運作方式。然而，就目前主流的科學觀點來看，REM對於鞏固學習成果是相當重要。[17]

## 做惡夢有益健康

然而，REM的夢境為何會如此鮮明而逼真？在所有的非理性思維中，夢境是最常出現又極為深刻的現象。做夢時，情緒是如此明顯、又會出現奇異又瘋狂的畫面：自己會飛、汽車會潛水、老友驚喜現身、陌生人突然跟自己擁抱。我們是夢境的俘虜，因為在清醒的時候，我們從未有那些體驗。

由於夢境是如此戲劇化和混亂，所以我們會賦予它們深層的意義，並努力找到其中的價值。亞述人、埃及人、希臘人和羅馬人都相信夢境當中有預言，但現代科學家並不這麼認為。無論是解夢、算塔羅牌、占星術還是看掌紋，都不能預測未來的變化。許多精神分析師仍然相信夢境是通往潛意識的窗口，並繼續分析客戶的夢境。不過，行為科學家已拋棄了佛洛伊德大部分的理論，因為它們無法被檢驗是否成立，所以我們也不認為夢境能揭示人類深層的心理狀態。

的確，我們常在無意識中完成日常活動。起床後沒多久，就發現自己安穩地坐在辦公室，對於通勤路上的插曲和細節全無印象。但佛洛伊德所提出的潛意識驅力，以及本我、自我和超我之爭，都是無法被測量或檢驗的。它們比較像是隱喻而非科學事實。因此，今日的研究人員並不認為，人類在睡眠中上演的瘋狂劇場，當中有所謂的潛意識驅力。

當然夢境在科學上還是有意義。掌握學習和記憶力的主要器官是海馬迴（Hippocampus），它的形狀與海馬相似（雖然我看不出來），原文則是從希臘語的「馬」（hippos）和「海怪」（kampos）組成。海馬迴位於大腦皮質下方的中央處，屬於邊緣系統的一部分。邊緣系統與情緒的表達有關，而學習、記憶和情緒三者密切相關，儘管我們很少意識到這一點。

我們對於做夢的用途知之甚少，但從做惡夢的過程可以找到一些線索。如果夢境的內容很可怕，我們醒來後就會記得、甚至還會在半夜被嚇醒。對此，研究人員有三點結論。

首先，惡夢發生在REM階段，畫面鮮明又逼真。其次，不管是罹患心理疾病或是身心健康的人都會做惡夢。百分之八十五的成年人表示，一年內至少做過一個惡夢，而百分之二至六的人說自己每週都會做惡夢。[18]此外，身心受創的人也很容易做惡夢。在一項著名的研究中，學者發現，經歷過一九八九年舊金山大地震的人常常做惡夢，而且當年住得離震央越近，做惡夢的次數就越多。[19]

綜合上述各項研究，我們便能得知，惡夢與個人生活中所承受的壓力和焦慮有關。

如果你陷入困境，不管是身心創傷、財務或人際關係的問題，睡覺時都會出現令人不安和焦慮的夢境。

此外，近來也有學者認為，做惡夢不是因為身心出了狀況，而是有其重要的功用。我們已經知道，反覆接觸原本害怕的事物，對它們的恐懼就會減低（前提是必須在安全的條件下進行）。因此，怕狗的人在接受心理治療時，要先在腦海中不斷想像狗狗的可愛模樣。等到他心裡放鬆一點，治療師才會讓他跟狗狗進行第一次接觸。相較之下，極力迴避自己所害怕的事物，恐懼就不會消失。

根據另一項還未完全證實的理論，人在夢境中之所以會有強烈的情緒，是為了要幫助自己去面對恐懼。[20]在學習和認知的過程中，情感所發揮的作用超乎你我的想像。傳統上，我們認為腦袋（學習）和心靈（情感）是不同的領域。但從大腦邊緣系統的生理結構來看，兩者密切相關。尤其是人會透過害怕的事物來成長。根據恐懼消除論（fear extinction theory），演化使我們有做惡夢的能力，讓我們在無害的環境下面對恐懼，這樣一來，就能在現實中克服或適應令自己焦慮的事物。

還有學者認為，夢境能調節情緒，並讓自己有心理準備去面對白天會遇到的威脅。

這些理論都得到了實證研究的支持，而且跟鞏固學習論和恐懼消除論不相衝突。[21] 對研究者來說，睡眠和夢境的世界是塊沃土，還有大量的未知領域。身體在睡眠中的各種狀態還有許多謎團，但能確定的是，睡眠真的有許多功效。

## 重新發現夢境的價值

夢境是非理性的，但並非完全不合理。它們通常有情節，夢中所遇到的人物我們也多半認得。那是個幻想的世界，時間和空間也不合常理。瘋狂的夢境很多，但不知何故卻感覺起來很真實。醒來後，我們才發現那些都是假的，於是迅速將其遺忘。

為了理解腦袋的夜間劇場，人類付出許多努力，但彷彿回到原點。《吉爾伽美什史詩》讓我們看到，在文明誕生之初，夢境是用來獲取寶貴的知識和有關未來的預言。在現代心理學的早期，佛洛伊德看到夢境不同的價值，在維多利亞時代的人身上，他發現了潛意識驅力。時至今日，有些精神分析學家仍然堅持這種觀點。

但在二十世紀後半期，研究大腦的方式越來越多，所以夢境被降格了。有段時間，大部分的科學家都認為，大腦要在夜間進行養護，而夢境只是修復工程的副產品。大腦從來不會完全停止運作，在這段養護期間，知覺和記憶系統就用腦內的電流訊號編織故事，所以夢境沒有什麼實質的功能。[22]前面提到的鞏固學習論也屬於此類的主流觀點，而夢境在其中一點價值也沒有。

夢境是一種妄想。精神科醫師艾倫．霍布森（Allan Hobson）和羅伯特．麥卡利（Robert McCarley）寫道：「我們會把一些不可能的情節當真，而這就是一種妄想。」[23]但夢境是否是有益的妄想？就本書的定義，若妄想與正面行為有直接的因果關係，那它就是有益的（見圖7.3）。接觸外界後，我們會形成信念，並以此引導自己的行為。雖然有些信念是非理性的，但卻能產生有益的行為，那前者便能稱為正面的妄想。

既然夢境是身體修復與記憶強化過程中的副產物，那麼它們就是一種妄想。但它代表某種有益的事情正在發生（見圖7.3中的「主流觀點」）。夢境本身沒有用處，但引發夢境的機制卻是有益的。

然而，現在有越來越多證據顯示，夢境本身應該是有價值的。研究人員發現，REM階段的長度和品質，有助於緩解憂鬱和其他情緒問題。此外，也有許多科學家認為，夢境讓我們學著去面對威脅、降低對某些事物的恐懼感（見圖7.3的「新興觀點」）。關於睡

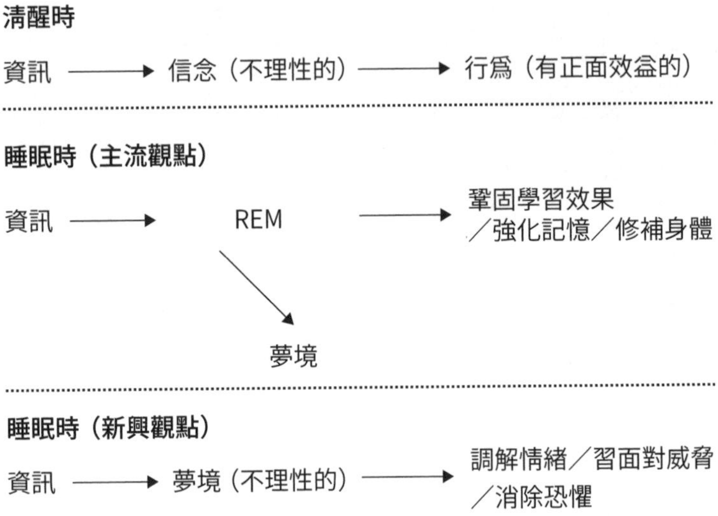


**圖7.3** 清醒時，不合理的信念也能引發有益的行爲。根據主流觀點，REM對鞏固學習效果非常重要，而夢境只是這過程的副作用。在新興觀點中，夢境的非理性元素是必要的，它們有助於調節情緒和學習面對威脅。

眠和夢境的科學研究仍處於嬰兒期（也許已經到了幼童期），但許多新興的研究會再次挖掘夢境的價值，讓每晚上演的瘋狂劇場更有看頭。

喬治．史密斯對美索不達米亞的歷史和文化充滿熱情。他所翻譯的《吉爾伽美什史詩》泥板來自於亞述帝國的皇家圖書館，那是其末代國王亞述巴尼拔所興建的。該圖書館裡擺滿了石板，而史密斯曾多次前往伊拉克的摩蘇爾遺址尋找史詩的其他碎片。

他的第三次旅程由大英博物館資助，而遺址周遭地區瘟疫和霍亂肆虐，炎熱的天氣也使挖掘工作變得困難。史密斯在當時感到身體不適，決定返回家鄉。在回程途中，他就在敘利亞的阿勒頗去世了，享年三十六歲。他的死因可能是痢疾，而身後留下了妻子和六個孩子。史密斯在大英博物館任職時，薪水一直很微薄，如果他當初繼續在印刷廠工作，應該會賺更多錢。但他發現了《吉爾伽美什史詩》，所以在倫敦成為了家喻戶曉的英雄。報紙上大肆報導他的過逝的消息，也提到他的經濟困境，所以政府給他的遺孀一筆微薄的年金：每年一百五十英鎊。[24]

# 8

# 星座、人格類型和心理測驗可靠嗎？

**在各個行爲系統的鬆散運作下，人體機器便會有諸多反應，而「自我」的妄想就出現了。**[1]

——H. G. 威爾斯，《人格的妄想》（*The Illusion of Personality*）

她被逮捕的那天，我記得很清楚。當時我在學生活動中心裡與同學聊天。那是一九七五年的九月，在有線電視和網路問世前的時代。我們只能透過廣播電視、收音機和報紙獲得消息。後來另一位學生進來說道：「他們找到了派翠西亞．赫斯特（Particia Hearst）。」

## 富家女變成革命分子

派翠西亞來自於有權有勢的家庭，她祖父是報業巨頭威廉．赫斯特，而後者正是經典電影《大國民》的主角原型。她的父親蘭道夫是「赫斯特媒體集團」執行委員會的主席。派翠西亞是這個大財團的繼承人，當時她就讀於加州大學柏克萊分校，卻在一九七四年二月被一個激進團體「共生解放軍」（Symbionese Liberation Army）強行擄走。

綁架案發生的兩個月後，派翠西亞變成另一個人。透過對外說明的錄音帶，她宣布自己已成為共生解放軍的一員，並且化名為塔妮亞；這是因為有位東德女性「塔妮亞」在玻利維亞與切．格瓦拉搞革命。[2]兩週後，在四月十五號（繳稅日），派翠西亞和四名同伴在舊金山搶劫了海伯尼亞銀行。派翠西亞故意讓監視器拍到自己，她還揮舞步槍，並叫客戶們趴在地板上，而其他成員去搶錢。「抬起頭來的人，」她說：「我會把他的破腦袋給打爛。」[3]

一個月後，派翠西亞一行人去到加州的梅爾運動用品店。她的同伴比爾和艾蜜莉．哈里斯夫妻進入店裡，她獨自留在福斯廂型車上。沒多久，店員指控比爾行竊，並於停車場跟哈里斯夫妻發生爭執。在車上的派翠西亞見狀，便從車窗伸出機關槍，開始朝著店裡掃射。打到沒子彈後，派翠西亞又拿起步槍繼續射擊。結果現場居然沒有人受傷，在她的掩護下，一行人得以逃脫。

赫斯特的綁架案佔據全國的新聞版面好幾個月。媒體也公布出一些清晰可辨的照片，顯示赫斯特高調地去搶銀行（見圖8.1）。她被激進的大學生當成英雄。赫斯特穿著軍裝、手持機槍的海報，更是貼在許多學生宿舍的房間裡。

赫斯特一行人被通緝了一年多，並涉及多起爆炸案和銀行搶案。在一九七五年九月十八號，聯邦調查局在舊金山的某間公寓逮捕了派翠西亞和另一名成員。消息迅速傳開，當她抵達警察局時，還向人群舉起了代表革命的拳頭。接受訊問時，她在自己的職業欄寫上「城市游擊隊員」。

**圖8.1** 一九七四年四月十五日，派翠西亞（右方）和同夥去搶劫舊金山的海伯尼亞銀行。資料來源：維基百科

然而，在被捕不久後，派翠西亞又變回了大財團的繼承人。在入獄的第一個星期，她寫信給同樣被捕的革命情人，以表達自己的深深思念。她繼續使用激進團體的詞彙，還說自己是「革命派的女性主義者」。等到開庭後，那些舉止都成為對她不利的證據。然而從她被拘留後，家世的優勢再次回到她身上。她的父母花大錢組成律師團，當中包含李・貝利（F. Lee Bailey）。

審判開始時，她的外表已

恢復成富家女的樣子，穿著典雅、梳妝整齊、舉止文靜，完全不像被捕時那個激情的革命分子。貝利的辯護重點在於，派翠西亞其實是被綁匪洗腦了。在被囚禁的第一個月裡，她被蒙住眼睛關在壁櫥中，還有人不斷對她宣講革命的理念。此外，她還聲稱被一名成員強暴。

陪審團不相信這一點。有大量證據顯示，她與成員的關係非常好，還對某位成員有深厚的感情。其實她有很多機會能安全地逃走，但卻選擇留下來繼續戰鬥。在梅爾運動用品店的現場，她獨自一人留在車子裡，但她並未駕車前往附近的警察局自首，而是拿起機槍開始向外掃射。陪審團僅花了一天的時間就裁定她罪名成立，包括搶劫銀行、違法使用槍枝等。

然而，在這個戲劇性的案例中，處處可見法律的不公平之處。派翠西亞在初審被定罪後繼續上訴，這段期間她能保有自由之身，因為她的家人繳得起超高額的保釋金。後來上訴失敗，派翠西亞返回監獄，赫斯特家族便大展身手，最終使派翠西亞獲得赦免。

一九七九年一月，美國總統卡特下令縮短派翠西亞的刑期，而在克林頓總統任期的最後一天，甚至完全赦免了她。她是美國史上唯一獲得兩位總統寬恕的犯人。比派翠西亞更幸運的只有那些被通緝還在流亡的人。

獲釋後，派翠西亞嫁給了她的警察保鏢，還把這些經歷寫成書，並多次接受訪問，甚至還去演電影，在導演約翰・華特斯（John Waters）的電影中軋一腳。派翠西亞愛狗成癡，還在美國的西敏寺犬展中多次獲獎。[4]儘管與革命分子共度了一年多的逃亡歲月，但她完全找回了原本的公眾形象。司法記者利思維克（Dahlia Lithwick）說：「赫斯特的洗腦說大獲全勝，但她不是說服了陪審團，而是公眾和媒體願意買單。」[5]

## 被喚醒的叛逆精神

派翠西亞的故事可以從不同角度去解讀。許多人認為派翠西亞和塔妮亞是兩個不同的人。她加入革命團體前與脫離後，都只是個過著優渥生活的富家女，而不是兇惡的歹徒。她在媒體前成功洗白，許多民眾也深信，派翠西亞和塔妮亞是不同的人格。當然，如果派翠西亞從未被綁架，塔妮亞就永遠不會出現。但在某個時刻，她開始與綁架者有情感交流，並接受了他們的政治觀點。這種變化令人震驚，但她青春期時就有叛逆的跡象，所以很容易受到激進團體的吸引。她被綁架時只有十九歲。十七歲時，她與高中老師談師生戀，也沒有依照父母的期望去念史丹佛大學，而是在男友念研究所時跟他去了柏克萊。被綁架時，派翠西亞念大二，與母親的關係不佳，而後者很討厭派翠西亞的前高中老師兼男友。

洗腦真的有效嗎？它首次出現在冷戰時代，因為有許多美國士兵或情治人員被抓走後，反而支持敵對陣營。洗腦也是驚悚片的主題，例如電影《戰略迷魂》。在一九七〇年代，有學者稱這種心態為「斯德哥爾摩症候群」，即受害者對匪徒產生共鳴。[6]

一九七八年，一起驚人的社會事件讓赫斯特的洗腦說被大眾所接受。吉姆．瓊斯（Jim Jones）創立了「人民聖殿」宗教團體，隨後有九百名信徒在圭亞那聽從他的指示集體自殺。在那個年代，人們越來越擔心新興宗教團體不斷滋生，而「被洗腦」和「斯德哥爾摩症候群」成為罪犯常見的狡辯之詞。在美國精神醫學會出版的DSM當中，有所謂的「共有型精神病」，這是人與人相互影響所導致的心理疾病。因此，許多精神科醫生和心理學家會出庭作證，認定「被告被洗腦」，所以是無辜的。不過，就像在赫斯特的案例一樣，陪審團通常不會接受這種說法。[7]

每個人都有自己的道德尺度，所以很難從客觀的角度理解事實的全貌。正如改過自新的更生人不會再被指責，而是會受到讚揚，因為他們翻轉命運，成為眾人的楷模。也有些人在從軍或信教後洗心革面做好人，而這些過程都就不能叫做洗腦。但如果你加入了邪教或激進的政治團體，而且還犯罪，這時就可以把洗腦當成說服眾人的理由了。

有種類似的現象叫作「副效應效應」（side-effect effect）。在一項經典的實驗中，兩組受試者要評價他們分別所拿到的劇本，而兩個版本只有一個詞不同。[8]故事中，某公司的員工提出可以增加公司收益的新計畫，「不過它會破壞環境」。但主管聽了只回說：「我不在乎那個，利潤才是最重要的，放手去做吧。」而在另一個版本中，「破壞」換成了「改善」，但主管的回答也是一樣的。

故事一的結局是環境被公司破壞了；故事二的結局是環境變好了。受試者讀完劇本後，研究人員問到：「這位主管是否有意要破壞（或改善）環境？」第一組人說：「是的，他是故意的。」第二組人則回答：「不是，他沒有想改善環境，只是想賺錢。」新計畫的內容是相同的，但其副作用（破壞或改善環境）的道德價值卻不同，所以人們對主管的意圖有不同的判斷。在法庭上，當事人的意圖非常重要。明知故犯比過失傷害的責任更大、所受的懲罰也更嚴厲。

有些心理學家對派翠西亞一案的解釋很簡單，就是「入境隨俗」。律師傑弗里．圖賓（Jeffrey Toobin）認為，赫斯特被綁架時以及被逮捕後的處境並不一樣，所以不同的反應是合理的。律師李．貝利設法不讓派翠西亞和其他同夥關在同一所監獄，並且請她的父母和朋友常去探望她。赫斯特也很清楚，她將面臨嚴重的審判，只有父母能幫助自己。圖賓說：「派翠西亞很聰明，不論是在混亂的革命團體，或是與律師在一起，她都知道當下怎麼做對自己最有利。」[9]

既然如此，那當初派翠西亞為何不趁著許多空檔逃離革命團體呢？這才是對她最有利的選擇吧！派翠西亞被綁架時，美國正值濃烈的反文化浪潮時期，也許革命團體的主張喚醒了她內心的叛逆精神，而在她化身為塔妮亞後，就堅定信奉那些政治理念，她在那裡也遇到志同道合的朋友，所以才會走上暴力革命的道路，直到被聯邦調查局抓住。

## 個性一輩子都不會改變嗎？

每個人都知道自己是誰。史都華、莎莉、奈特和瓊等名字都是有意義的，它們代表個人的身分與性格。人們也因此形成對自我的認知，而後者有重要的社會意義，因為我們都會彼此評價，以便了解如何互動。與他人建立起長久的社會關係，如結婚、商業合作或是交朋友，都是在做出道德評價。[10]這代表我們信任對方，也多少能預測他們未來的做法。人類是高度社會化的物種，而唯有建立穩定的合作關係，才能生存和繁衍。

大多數人都不會懷疑自己的真實身分，熟識的親友也大多自認了解我們。他們通常能清楚地描述你是哪種人。若將這些描述記下來，十年後你再回頭看，也應該跟當下的自己相去不遠。因此，我們都會指出，某個親戚很和善、某個朋友很小氣，雖然這些特徵很常見，但至少那是他們主要的特點和不變的個性。不過，每次地方新聞報導可怕的兇殺案時，都會有兇手的鄰居或朋友對著鏡頭說：「他看起來與其他人沒兩樣啊！」

傳統觀點認為，每個人都有一些基本的調性和主要性格，但心理學家都在懷疑，自我認同也許是一種妄想。

人格心理學和社會心理學是兩個不同的研究領域，而相關學者對於自我認同的看法，也經常相互牴觸。這兩派學者的方法有些差異，但都是為了描述人的行為、解釋人的本質（但限於言行符合常規、身心健康的人）。

人格心理學是一門歷史悠久的學問，而這一派的學者大多同意「人格是穩定的」。古希臘醫學家蓋倫認為，人格類型取決於四種體液（血液、黃膽汁、黑膽汁和黏液）的比例和交互作用。該理論流行了好幾個世紀。從十九世紀末開始，佛洛伊德、榮格、艾瑞克・艾瑞克森和馬斯洛相繼提出了更為詳盡的人格發展論，但基本觀點依然不變：身心正常的成年人都有明確而穩定的性格。

從十九世紀末起，心理學家開始用統計方法來歸納人類的特徵，致使人格研究領域快速發展。一開始，他們先分各種人格類型，接著又深入分析這些特質與性格。這類研究背後的動機大多來自於優生學，其支持者濫用了達爾文的天擇理論；這些受過高等教育的英國人認為，只要剔除天生的弱勢族群，社會就會變好。

優生學的支持者迅速將焦點轉向智力，並設計許多方法來測量它。現今在大學課堂上所教授的統計方法，都是由當時的英國優生學家所開發的。達爾文的表弟高爾頓（Francis Galton）強調均值與標準差；數學家皮爾森（Karl Pearson）則在研究相關性；演化生物學家費雪（Ronald Fisher）提出了變異分析；而心理學家斯皮爾曼（Charles Spearman）是著重在因子分析（factor analysis）。[11]

因子分析尤為重要，透過它，研究人員就能在不同的智力測驗間找出共同的核心。

美國心理學家凱特爾（Raymond Cattell）和瑟斯頓（Louis Thurstone）在這方面有重大的貢獻，並因此催生了「心理計量學」(psychometrics)。[12]

不過，在二戰過後，優生學和社會達爾文主義逐漸不受歡迎，因為它們都跟納粹有關。在今日，智力仍是重要的學術研究領域，但多半不被當成人格研究的一部分。儘管如此，若想將人格概括為數種特質，還是得依靠優生學家所開發的計量法。

近幾十年來，最普遍的性格分類法是五因素理論（five factor theory）。透過五個核心維度的表現，就可以歸納出一個人的整體特質。它們分別是：開放性（openness）、責任心（conscientiousness）、外向性（extroversion）、親和性（agreeableness）和神經質（neuroticism），而五個開頭字母可組成OCEAN。填寫完標準的問卷後，就能看出在你性格中這五項特質的比重，而個性的輪廓也油然出現。許多研究人員都為這套系統付出了很多努力，他們想證明，對每個人來說，這五項特質的比重一輩子變化都不大。也有些學者認為，人格的穩定性跟基因有關。

## 人是從眾的嗎？

除了探索個人內在深藏的特質，另一群研究人員則意識到，人類是高度社會化的物種，所做所為都取決於周圍人們的反應。相較於其他心理學領域，社會心理學的發展受大環境的影響頗深。有些主要的研究人員出生在歐洲，為了逃避納粹迫害而移民到美國，而在當地出生第一代的猶太裔學者，則是對猶太大屠殺感到相當恐懼。

索羅門・阿希（Solomon Asch）於一九〇七年出生於俄羅斯統治下的波蘭，十三歲時與父母移民到紐約曼哈頓的下東區。他就讀公立學校和市立學院，隨後進入哥倫比亞大學的心理學研究所。阿希受格式塔心理學影響頗深，對於視覺感知特別感興趣，也深信「整體大於部分之和」。格式塔學派當時在歐洲和美國興起，專注於研究認知和社會行為等新領域。

阿希的研究涉及多個主題，包括如何對他人形成印象、演講者的聲望如何左右聽眾等。但他最為人所熟知的是對個體獨立性和從眾行為的實驗。[13]

在最經典的實驗中，他招募了十位大學生，請他們完成簡單的視覺遊戲。受試者先看一張海報，上面有三條不同長度的線，還有一條用來比對的線，而受試者在前三條中

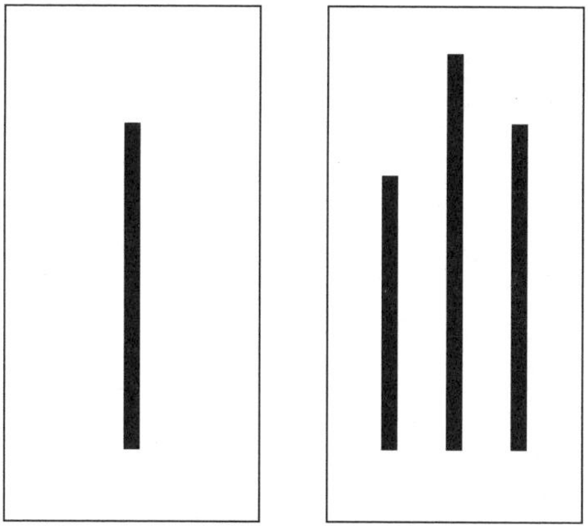

**圖8.2** 受試者要從右邊三條線中挑出與左邊長度相同的。

選出跟第四條一樣長的線。

在剛開始進行實驗時，一切都很順利，研究人員也會不時更換前三條線的組合。突然間，到了某一輪遊戲時，第一個人明顯地選錯了（太短或太長），而其他人卻都說沒問題。事實上，這個房間只有一位真正的受試者，他並不知道其他人都是暗樁，是按照此實驗的劇本做反應。（見圖8.2）

受試者單獨接受測試時，幾乎從不出錯，畢竟這個遊戲很簡單。但只要其他人都支持錯誤的答案，那真正的受試者就會動搖。阿希發現，只有四分之一的受試者能擇善固執，給出正確答案。[14]在每次十二輪的測試中，受試者平均猜錯五點五次。這個實驗結果令人驚訝，而後來的心理學教科書也都會提到它。

在一九五〇年代中期，阿希開始研究順從性時，他在哈佛大學擔任為期一年的訪問學者，有一位年輕的研究生史丹利·米爾格蘭（Stanley Milgram）被分配當他的助教。米爾格蘭出生於紐約的布朗克斯，他的父母是在第一次世界大戰期間移民到美國的猶太人。他的家人於二戰期間在歐洲受盡煎熬，戰後有些人曾暫住他家，而他們身上刺有集中營的紋身號碼。[15]米爾格蘭開始做研究時，納粹和大屠殺的陰影在他心中不斷擴大。不久之後，他就對這段歷史有新的見解。

負責驅逐和屠殺猶太人的納粹首腦為阿道夫·艾希曼（Adolf Eichmann），他於一九六〇年在阿根廷被捕，接著被帶到以色列受審。在《紐約客》雜誌的委託下，流亡到美國的德國哲學家漢娜·鄂蘭前去旁聽艾希曼的戰爭罪審判，後來這篇報導出版成書，名為《平凡的邪惡：艾希曼耶路撒冷大審紀實》。儘管許多人難以接受，但鄂蘭得出的結論是：艾希曼對猶太人沒有深仇大恨，他本人也沒有精神疾病。他只是個服從命令、信奉官僚文化的軍官，他主要的缺點在於無法獨立思考。根據鄂蘭的觀點，艾希曼「可怕、駭人卻又平凡」。[16]

如果鄂蘭判定艾希曼可能有精神疾病，那大屠殺的本質就很清楚了。然而，鄂蘭的結論更加令人不安：邪惡是平凡的，普通人也有能力以有條不紊的方式施暴，卻認為自己是在做好事。

## 平凡的邪惡

一九六〇年代初期，米爾格蘭在普林斯頓大學與阿希合作，並將阿希的研究成果往前推進。除了從眾的本性，米爾格蘭更想研究服從的本質。猶太大屠殺和艾希曼受審是這項研究的出發點。米爾格蘭設計了一套實驗，好讓權威者命令受試者做出殘忍的行為。[17]這就是惡名昭彰的米爾格蘭服從實驗。

米爾格蘭設計了好多套類似的服從實驗。在最經典的一套中，他透過報紙廣告找來兩位受試者，說要進行學習實驗。他們用抽籤來決定誰是學生和老師，但在實際上，那位「學生」是米爾格蘭請來的演員，而抽籤結果也是設計好的，所以受試者一定會扮演老師。研究人員穿著白袍，對兩位受試者解釋，他們要研究懲罰對學習的效果。

兩位受試者坐在不同的房間，而老師用對講機跟學生講話，而他的面前有一組嚇人的機械裝置。研究人員說，只要打開上面一排開關，就能電擊學生，電壓從左到右逐漸增加，從十五伏特到四百五十伏特。在三百六十伏特後的開關上，都貼上「極度危險」字樣，而在最後的幾個開關只貼著「×××」圖案。老師用對講機唸選擇題給學生選，只要回答錯誤，就要電擊一次，而且電壓要逐漸提高。為了讓情境更加真實，老師得親自被電擊一次，以感受學生等一下的遭遇。最後，在兩人各自進房間前，學生還刻意提到自己有心臟病。

一旦實驗開始，就必須按照課表繼續進行。學生（演員）不時答錯，而老師只好不斷提高電擊的強度。最終，連在隔壁房間的老師都能聽到學生的哀求聲。如果學生痛到不想答題，也算答錯，所以要繼續電擊他。如果老師有所猶豫或不想再按開關，研究人員會敦促他繼續，甚至強迫他繼續提問。

米爾格蘭向一群精神科醫生描述該項實驗，並詢問他們，受試者何時才會停手退出。他們預測在第十次電擊（亦即一百五十伏特）時就會放棄，而只有千分之一的人會持續電擊學生。但結果跟眾人的預測截然不同。有百分之六十五的受試者會持續到最後，而且所有受試者都會用到三百伏特以上的開關。[18]

鄂蘭說過：「艾希曼的問題在於，他和許多人都沒兩樣。」[19]米爾格蘭的研究證明她是對的。在他一九七四年的著作《服從權威：有多少罪惡，假服從之名而行》中，米爾格蘭將他的研究結果連結到《平凡的邪惡》的結論：「從這些研究中，我們得知一個根本的道理：守本分工作、對他人沒有敵意的普通人，卻能執行可怕的毀滅行動。」[20]

這些研究成果出爐時，各界有許多強烈的回應。有些研究人員擔心，米爾格蘭的實驗方法有倫理上的問題。許多受試者在施加高強度的電擊時，應該內心都承受巨大的壓力。有些學者對米爾格蘭的結論不以為然。同樣地，《平凡的邪惡》的結論也受到不少批評。多年來，沒有人複製過米爾格蘭的實驗，畢竟學界現在很重視實驗倫理。但也許，現代人會在這些實驗中有不同的反應。

在二〇〇九年，社會心理學家傑里・伯格（Jerry Burger）進行了類似的實驗，也發現受試者的服從程度很高。[21]伯格也發現這方面女性和男性並沒有差異。另外還有幾項社會心理學實驗，都顯示了外在環境會左右人類的行為。

## 好人究竟如何變成惡魔？

一九六四年三月十三日凌晨，在紐約市皇后區，調酒師凱蒂・吉諾維斯（Kitty Genovese）在返家途中遭到殘忍殺害。根據媒體報導，附近公寓裡有三十八個人目睹了整個過程，卻什麼也沒做。但警方調查發現，目擊者的數量沒那麼多，事情經過也與報導相反；有兩個人報警，還有一位七十歲的女士走到街上守著吉諾維斯的屍體。[22]各家媒體爭相報導這個事件，致使心理學家拉塔尼（Bibb Latané）和約翰・達利（John Darley）在紐約市進行了一系列的實驗，以研究旁觀者的態度。

他們找來哥倫比亞大學和紐約大學的學生來當受試者和演員。其中一些實驗在實地進行，如地鐵車廂和人行道上。[23]兩人最後整理出所謂的「旁觀者效應」（bystander effect），意思是說，一般人伸出援手的可能性與當下周邊的人數成反比。比如說，人行道上有人跌倒，若當時只有你一人在場，你就會去扶他一把，但如果現場有其他三個路人，你出手的機率將大幅下降；那股熱心助人的責任感被其他人的存在給稀釋掉了。

最後我們談到津巴多（Philip Zimbardo）於一九七一年所進行的史丹佛監獄實驗。受試者只要去扮演獄警的角色，就會做出殘忍的行為。津巴多設計了一個模擬監獄，並張貼廣告招募受試者。津巴多有排除掉心理狀態不太穩定的人。接下來，他請一半的受試者去當獄警，另一半當囚犯。根據規則，獄衛可以自由行使權力，所以他們制定了一套管理辦法，用以壓制和掌控囚犯。許多受試者非常享受當獄警的樂趣。而有些受到虐待的囚犯因此精神崩潰了。津巴多最後被迫終止實驗。原本計畫進行兩週的研究，但僅持續六天就結束了。

數十年後，美國士兵在監獄虐待伊拉克囚犯，並因此被起訴，而津巴多受邀出庭當專家證人。他在自己的著作《路西法效應》中敘述了該次事件。[24]

津巴多的史丹佛監獄實驗更像是一場展演，而不是有嚴格控管的實驗方案。最近有其他學者詳述了旁觀者效應的細節。當我們意識到受害者處於險境，或我們認識此人，才會出手相助。[25]

整體來說，這些社會心理學實驗嚴重威脅到人格心理學的基本預設（即人格是穩定的）。阿希、米爾格蘭、拉塔尼、達利和津巴多都指出，「情境」的影響力非常巨大。品格再怎麼好的人，只要放到有毒的環境中，就會撒謊、電擊他人、袖手旁觀，甚至成為恐怖分子和執行種族滅絕的劊子手。這一切都在提醒我們，要當好人還是壞人，大部分是取決於運氣，而不是你的選擇。

## 每個人在不同環境會有不同樣貌

在一九六八年，心理學家沃爾特．米歇爾（Walter Mischel，他針對兒童自制力所設計的棉花糖實驗非常有名）出版《個性與評估》（*Personality and Assessment*）一書，當中明確指出人格研究者和社會心理學家的衝突點，也就是學界所熟知的「個人—情境之辯」（person-situation debate）。[26]人格研究者認為，個人的性格與特質會長期保持一致，但米歇爾認為，在不同的情境下，這些特質會有所轉變。例如，在一項經典研究中，美國社會心理學家紐科姆（Theodore Newcomb）在二十一種環境中去測量五十一名男孩的外向或內向度。[27]他發現，受試者在某個環境中的外向度與他在另一個環境中的外向度完全無關。就算我們知道他在環境A中會做哪些行為，也無法依此去判斷他在環境B中會做哪些事。在此項實驗中，紐科姆觀察受試者在不同環境下的行為，結果發現，其性格沒有什麼一致性。也就是說，人格特質可能並不像以前學界所認為的那麼重要。

在日常生活中，我們也常見到這種不一致性，比如說，大部分人都不知道公司的同事在家裡是什麼樣子。我以前在大學教書時，大部分時間都和學生和其他教授在一起，但有一年我兼任行政工作，才與其他單位的同仁有所接觸。工作了一段時間後，他們才告訴我有些教授很難相處。的確，學校有些教授是出了名的壞脾氣，但有些老師對我很友善，沒想到他們會對行政人員大小聲。這所大學規模較小，組織的層級也比較簡單，但居然有教授這麼勢利眼，只願意善待有博士學位的人。

時至今日，「個人—情境之辯」還沒結束；有些人堅定支持人格一致性，而另一些人則強調情境與社會的影響力。當然也有人站在兼容並蓄的立場，認為人有穩定的內在特質，也承認情境的巨大影響力。[28]

人格心理學家認為，只要讓受試者在不同的時間點填問卷，就能顯示其個人特質的一致性。但環境因素仍在發揮作用。受試者在填寫問卷的當下，他的生活過得如何？就算不同時間點的測量結果大同小異，那研究人員是否有去評估，在這段期間，受試者的社交關係和生活是否都沒有變。請受試者定期來填寫問卷並不難，但要持續追蹤他們長年的生活經歷就很困難了。雖然大家都能接受人格心理學的基本立場，但在一九六〇和七〇年代所進行的各種情境實驗，的確是心理學史上最震撼且最具哲學意涵的研究。它們挑戰傳統觀念，讓人們重新思考自己的本質為何。

## 品格對於人際交流的重要性

越來越多人意識到，「人格一致性」是不得不接受的信念，所以無法接受「自我是不一致的」，否則我們就不必唸什麼結婚誓詞了。大多數人都知道世事多變，人生總會有新的經歷，但仍相信另一半的人格會保持穩定。身體可能會受傷和生病，但心靈上始終是同一人。即使家人或另一半罹患阿茲海默症，許多人還是能感覺到對方仍保留他獨特的個性，[29]雖然情況並非總是如此。

我聽說過有位女性友人與母親長期不合，但後者的阿茲海默症越趨惡化，於是個性變得更溫柔了。她多年來對母親懷有敵意，但軟化後的母親，竟然讓她不知道該如何應對。由此可看出，我們都期望人的個性在時間流逝中可以保持一致。

從米爾格蘭、拉塔尼和津巴多的情境實驗中，我們可以明顯看出善良的人應該做出哪些選擇。這些社會心理學家就是為了確認，哪些心理因素會影響人們的道德行為。相比之下，人格心理學家就沒有強調人的道德性，對他們來說，盜用公款的好爸爸或待人親切的霸凌者，這樣的性格組合並不矛盾。

這個問題可以追溯到一九三〇年代，人格心理學的先鋒奧爾波特（Gordon Allport）主張，心理學家所測量的人格特質，不應該受到「預設的道德意義」所限制。[30]而這門學科後續的發展都遵循奧爾波特的觀點。但是，我們真的能從人格分析中看到某人的全貌？五因素理論可以用來判定某人適合哪些工作或是不是個好伴侶，但卻看不出他的道德品格。

只要有人進入或離開我們的生活圈，我們就會對他做道德評斷。人類是社會性動物，得頻繁交流、相互依存，所以個人的品性相當重要。初次見面時，我們會留意對方是否值得信任、是朋友還是敵人、和他分享資源後能獲得回報嗎？在家人、朋友和同事當中，有些人值得信任，但有些人最好保持友善的距離。

有人過世時，我們也會對他的人格下最後的註解。我參加過很多葬禮，無論逝者有哪些成就，但最重要的就是他們的道德品格，所以我們會提及此人在生前有多好、有多可靠。我們在第五章也談到，每個人在回顧一生時，最想達成到的前三大成就便是家庭、婚姻以及做個好人。一般來說，一想到生命即將結束，我們都會希望自己是個好人；而外在成就如財富、藝術創作或科學發現則排在後面。

因此，和他人相處的過程中，道德評價的波動非常重要。我會做個小實驗，看看兩個好朋友（但不是夫妻或情侶）對彼此的看法會不會變。我先問其中一人：「如果喬伊將自己的母親凌虐致死，你會去監獄裡探望他嗎？」謀殺至親是在道德上最令人痛恨的行為。相比之下，心理學家在衡量人格時所採用的問卷反而無關痛癢。例如：「如果喬伊突然變得很內向，你還會當他的朋友嗎？」

心理學家斯特羅明格（Nina Strohminger）提到，朋友的妻子個性變了，他有點擔心。斯特羅明格問他，什麼樣的變化會讓他再也不認得妻子，他回答說：「如果她不再善良，我會立刻離開她。」[31]同樣地，當我們要求某人得有所改進時，都會期望他在道德上也變好。若你的好友變內向了，你會覺得很有趣，但除非他的行為模式也跟著變了，否則這種改變與道德無關。相比之下，如果你的伴侶說，為了平衡兩人相處的壓力，不如轉為開放式關係，兩人都去尋找新戀情。雖然這種態度在五因素中是屬於中立的「開放性」，你卻會覺得這在道德上有些問題。[32]

有些心理學家和哲學家認為，我們之所以要建構、描述性格，是為了預測自己和他人的行為。人類的行為非常複雜。基因、天賦、學習經歷和生理需求都不同，建構出他人的道德樣貌，就能妥善地去應對人際關係並滿足自己的需求。

## 道德是人格一致性的重要標準

記憶在這個過程中非常重要。我們不斷在心中評估他人的個性，以進行人際關係的分類，知道應該避開誰、讚美誰以及可以依賴誰。上面提到，我們學系的行政人員很討厭一些勢利眼的老師，所以盡量不與他們來往。英國哲學家洛克認為，記憶對於身分和道德責任至關重要。據此，犯下罪行後的當事人如果罹患失智症，就無須受到懲罰。也就是說，喪失記憶會中斷自我的連續性。[33]

為了說明洛克的看法，我們以二〇一八年美國最高法院的「麥迪遜訴阿拉巴馬州」一案為例。阿拉巴馬州的平民麥迪遜（Vernon Madison）在一九八五年殺了一名警察並被判死刑，但在牢房裡他好幾次腦溢血發作，不但失去大部分的記憶，連走路都很困難，當然也記不得有殺過人。

針對此案，大法官艾琳娜・卡根（Elena Kagan）所撰寫的五之三號決議書與洛克的觀點略有不同。[34]她指出，雖然憲法第八號修正案有規定，政府不得對被告以施行殘酷、逾常的刑罰，但對於記不得自己犯罪行為的被告，還是可以將他判刑，但不得對其執行死刑。該案被送回州法院重新審理，[35]但其間麥迪遜便因其病情惡化而去世。[36]

在恐怖文學和電影中，大腦移植是歷久彌新的主題。從瑪麗．雪萊的經典小說《科學怪人》開始，到近代的電影《多諾萬之腦》（一九五三）、《不死之腦》（一九六二）、《妙醫生與騷娘》（一九八三）以及《逃出絕命鎮》（二〇一七），當中都有瘋狂的科學家在做違反自然法則的駭人實驗。附帶一提，《科學怪人》的副標題是《新普羅米修斯》，就像那個希臘神話一樣，違反自然法則的故事都不會有圓滿的結局。

哲學家和心理學家也對這個主題很有興趣，可以用來檢視「個性」和「自我」等常見的概念。洛克舉例，若將王子的大腦移植到鞋匠身上，那後者就會變成王子，因為心靈才是人格的核心。[37]同理，若你的大腦被移植到新的身體上，那你的性格和記憶也會轉移過去。問題在於，這個新的人是你嗎？它是否保留或繼承了你的身分？[38]

斯特羅明格以及哲學家尚恩．尼科爾斯（Shaun Nichols）進行了一系列的研究，以確認個人認同的本質。他們對受試者說，有個名叫吉姆的人出了車禍，需要進行大腦移植手術。其中一組受試者得知，吉姆在手術後心理狀態完全正常。但另外四組的受試者則發現，吉姆因此出現四種障礙：視力變差、漠然、健忘或失去道德良知。然後，受試者要回答：「此人是否仍然是吉姆？」結果，「失去道德良知」這一組給了否定的答案。相較於手術後視力、個性或記憶力出問題，失去良知便代表這個人已經不是原樣了。

也就是說，在認識某個人的過程中，我們會不斷評估他的品性以及可靠性，並在心裡貼上標籤。不過，根據相遇的場合與脈絡，我們對每個人的道德要求都不一樣。在某些情況下，我們只需要知道對方個性是否穩定、做事是否可靠，但私德就不大重要。舉例來說，你並不在乎你的牙醫有沒有外遇，你只想知道他的醫術是否高明。哲學家法蘭克福（Harry Frankfurt）在《論真相》一書中也談到，生活周遭有很會說謊、搞小動作的人不是問題，搞不好這些人對你有益，只要「小心一點就好了」。[39]（我覺得，如果法蘭克福的朋友殺了人，他也會前去探望。）

總之，只要假設人有一致的性格，那在人際關係中與人互動和交流會比較容易。但世事無常，如果你的伴侶對你不忠而出軌了，你就得重新評估對他的信任感以及這段婚姻的價值。只要對人格的一致性不要有妄想，那麼當對方有脫序的行為時，我們才不會感到驚訝。但這麼一來，我們就得耗費更多心神，每分每秒都要不斷地去預測對方下一步的行為。

## 自我感是由大大小小的記憶所串成的

綜上所述，派翠西亞在有毒的環境中會變成塔妮亞，而身分認同感是為了建立道德基礎（以分出誰是敵、誰是友）。但你還是覺得自我感覺很真實，時時刻刻都帶著這種認同感，很清楚自己是誰。但如果這一切都只是妄想，那麼這種感覺是如何產生的？

哲學家笛卡兒也在思考一樣的問題，而他的名言就是「我思，故我在」。[40]雖然世上一切事物都可能是幻覺，但你可以確信一件事：你能思考，所以你存在。

在笛卡兒的世界中，自我能立即感受到思考的狀態。蘇格蘭哲學家大衛．休謨於一七四〇年發表《人性論》，並提出了叢束論（bundle theory）以延續笛卡兒的觀點。休謨指出，情緒、感受和知覺在每個瞬間會不斷起伏，我們是依靠想像力將它們捆綁在一起，形成相互連貫的心理事件。

因此，感官知覺對自我感非常重要。每當他有意識地嘗試去察覺自我時：「我總是卡在某些特定的感覺上，如熱或冷、光亮或陰暗、愛或恨、痛苦或愉悅。」[41]他無法將自我感與這些特定的感官經驗區分開來。但有時他真的完全沒有感覺，如在熟睡時，「這時就沒有自我感……自我並不存在」。

根據休謨的觀點，連續性的自我感是想像出來的。舉例來說，你聽到一連串的噪音「頻繁又斷斷續續地出現」。這些聲音有點相似，而且是從同一個地方發出來的，所以你可以將它們視為同一組噪音。人們也是以類似的方式，將各種感受捆綁在一起，儘管它們在實際上是不同的內在經驗，但藉此就能形成前後連貫的自我感。

針對上述過程，發展心理學家高普尼克（Alison Gopnik）提出了現代版的理論。她認為，自傳式記憶是自我感的核心內容。這也稱之為情節記憶（episodic memory），也就是你做過和所經歷過的事情。此外，大腦中還有語意記憶（semantic memory），例如在課堂上學到的地理知識。

有些腦部損傷的患者會失去情節記憶。[42]最著名的案例是亨利・莫雷森（Henry Molaison），他在二十七歲時因嚴重癲癇發作而接受一項實驗性的腦部手術。[43]他的癲癇症治好了，但大腦無法再儲存新的情節記憶。就像電影《記憶拼圖》中的主角萊尼一樣，莫雷森每天見到醫生時都會重新自我介紹，因為他以為這是第一次見面。他對於手術前的事情記得很清楚，但無法再產生新的語意記憶和情節記憶。

不過，他的程序性記憶並未受損。研究人員請他用鉛筆畫星形圖案，但過程中不能看著畫紙，而是要透過鏡子去看自己拿筆的手。在鏡子裡面，他的動作左右顛倒。這個技巧很難，就算是一般人也學不來。儘管莫雷森記憶力出問題，但在不斷練習下，他的技巧越來越熟練。不過對他來說，每天拿起鉛筆時，都像是第一次在上畫畫課；他沒有意識到昨天也練習過了，但大腦卻保留住前幾天學到的技能。

莫雷森的情節記憶和語意記憶出問題，但程序性記憶卻是正常的。可惜的是，前面兩者才是與自我意識有關，因為人們能藉此構建出自傳式記憶以及自我感。

從其他腦功能障礙的患者身上，我們也發現情節記憶和語意記憶的獨立性。研究人員觀察了一些病童，他們因外傷或腦腫瘤而引起神經損傷。他們在校的學習成果不錯，也能跟其他人講解上課的內容，但一段時間過後，他們就忘記自己是在哪裡學到的。[44]他們甚至分不清楚那些知識是老師教的，或只是自己想像出來的。

高普尼克認為，兒童自我感的發展就包括自傳性記憶的形成。[45]一歲的幼童不知道鏡子裡看到的人是自己。若悄悄地把貼紙貼在他們的額頭上，他們會伸手去觸摸鏡子中的貼紙。但到了兩歲的時候，幼童在鏡子中看到額頭上有貼紙時，就會摸摸自己的頭，這代表他們知道鏡中人就是自己。除了人類之外，有些動物也能夠通過這項測試。

三歲時，幼童可以正確地說出以前是否見過某項東西，但無法說明具體的時間。研究人員讓幼童看一幅圖片，隔天再讓他們看另一幅。一段時間之後，這些幼童都能準確回答出以前是否見過這些圖片，但無法說出是哪一天。到了六歲時，兒童就能像成年人一樣準確地說出看到圖片的時間。

高普尼克認為，自傳性記憶（描述自己生活的能力）撐起了自我感。休謨所說的想像力也是，它能將過去和現在連結起來，並預測自己未來的處境。不過，針對生活大大小小的事情，今日我們不再是把它們當成鬆散的感覺或印象，而是視為相互關聯的連續事件。也就是說，我們一直在推斷它們的因果關係。

事實上，人類物種能夠存續，正要歸功於這些敏銳的觀察力與預測力。因此，生活中的各個片段可看成互相連結的因果鏈，而不只是鬆散分開的感官內容。有了自傳性記憶和想像力，我們就能在不知不覺中建構自我感。

## 佛教：自我只是假象

有些學者指出，休謨的立場有時也可稱為「無我論」，這與佛教的本體觀念非常相似。[46]根據佛教的觀點，個人身上不存在連續且一致的自我，而是不斷生滅的大小感知。因此，自我的真實狀態是虛空的，而我們平常談論自我的方式只是圖個方便而已。學佛的人都知道，知識有兩種，世俗的與真實的。「自己」或「我」這些詞語並沒有指涉到真實存在的東西，而只是為了交談或寫作時方便而已。它們不是真理，也不能反映人類存在的真實樣貌。

根據佛教教義，修行能擺脫「自我」這個妄想。過程中，我們會暫時放下持續性的身分感，並意識到感覺和情緒的短暫性。接受「無我」這項事實，就有助於去除自傲、自卑、難堪和嫉妒等負面情緒。

高普尼克也支持現代版的休謨無我論，她猜想，也許休謨有受到佛教的影響，於是展開了一場學術偵探之旅。[47]成功機會非常渺茫。休謨於一七三〇年代末寫出了《人性論》，但當時西方人還不大認識佛教。高普尼克發現，在一七三五年至一七三七年期間，休謨在法國西部的拉弗萊許（La Flèche）寫下《人性論》的部分章節。當時，在拉弗萊許皇家學院中，有位耶穌會的學者曾去暹羅傳教，也曾與其他去過東方的教士交換資訊，因此接觸到佛教思想。儘管沒有找到具體的證據（休謨當時只是默默無名的二十歲青年，所以沒有人保存他當時的信件），但高普尼克推測，休謨在與皇家學院的學者交流時，應該有學到佛教的知識。

佛教和休謨都主張，人們所感知到連續性的自我，是由不同時間點所出現的感受所串成的，可說是一種妄想。當代心理學家認為，這種妄想的存在有其實際用途，這樣才能有效預測他人的行為，也能判斷其品格。

當今的心理學受到社會演變和道德判斷的影響頗深。

派翠西亞從叛逆的富家女變成了革命分子，還參與搶銀行等暴力行動。她和同伴都認為，自己是為了社會正義而戰。等她被逮補並回到富家女的身分後，媒體就以不同的道德標準幫她說話。有人說，派翠西亞一直都很善良，只是被綁匪暴力脅迫和洗腦才做錯事。她並非自願去搶銀行，所以不需要承擔相關責任。不過，有另外一群人想破除共生解放軍的英雄形象，認為他們罪有應得，而且派翠西亞的行動都是出於她自己的選擇。唯有個人的決定才需要承擔責任或接受表揚。結果，陪審團並未被洗腦論說服，而派翠西亞應該為自己的主動行為負責。

因此，我們接下來要探討，派翠西亞是否真的有選擇？或者說，人是否真有選擇的自由？

9

# 人眞的有自由意志嗎？

「在我聽起來，你似乎不相信自由意志，」皮爾格姆說道。「我花了那麼多時間去研究地球人，」特拉法瑪鐸星人說道：「才對於自由意志這詞有點概念。我造訪過宇宙中三十一個有居民的星球，並研究過另外一百個星球的報告。只有在地球上才有人去談論自由意志。」

——馮內果，《第五號屠宰場》

我把最有力的妄想留到最後，很少人覺得它是不理性的。請思考下列真實事件改編的例證：

## 案例一：愛打電動的老爸

某個星期六的下午，有個男子和家人一起去玩具店。他的孩子在店裡閒逛，他則走到遊戲機前打電動。他玩得很起勁。遊戲中，他要操縱一隻猴子，讓牠跳過桶子、避開障礙物。玩了一小段時間後，螢幕上突然跳出了「遊戲開始」的字樣。原來前幾分鐘螢幕上出現的是遊戲示範畫面。這個男子剛剛以為是自己在操縱猴子，結果只是白場一場。[1]

## 案例二：自閉症患者的假福音

在一九九〇年代初期，有一群教育工作者開始推廣自閉症的新觀念。他們認為，此病症是生理障礙，而不是認知障礙。因此許多患者的認知和語言能力是正常的，但欠缺必要的身體動作去表達想法；就像心靈被身體困住一樣。

為了解決這個問題，他們引入了「促進性溝通法」(facilitated communication)。協助者輕穩地托著學習者（患者）的手臂或袖口，讓他們用一隻手指在特製的鍵盤上打字。結果令人驚訝，許多年輕患者開始能與他人交流，甚至能夠寫詩和小說。促進性溝通法激發了患者的潛力，各界很快就跟進採用。許多學校購買了這套特製鍵盤，並請老師和工作人員接受培訓去擔任協助者。家長也學會在家中使用這種方法。這個方法很成功，所以支持者大聲疾呼，舊的自閉症理論應該丟掉了，因為在受損的身體裡面，住有能思考與感受的心靈，而且渴望被釋放出來。

到了一九九二年，紐約州的赫克發展中心（O. D. Heck Developmental Center）早中晚都在訓練工作人員，好讓他們帶著自閉症患者一起操作特製鍵盤，後來其成果相當驚人，工作人員也非常興奮。各地的老師自己掏錢購買了鍵盤設備，他們認為患者的智力跟自己一樣，在互動與反饋中，師生慢慢變成朋友。

但是，赫克發展中心裡的心理學家開始擔心，其實不是患者在用鍵盤打字，而是在其身旁的協助者在主導一切。所以心理學家決定進行一項簡單的雙盲測試。患者和協助者一起坐在長桌子的同一邊。研究人員會分別向兩人展示圖片，但因為桌子中間有隔板，所以他們看不到對方的圖片。然後，患者（在協助者的攙扶下）要輸入他在圖片中所看到的物體。這項實驗的詭詐之處在於，有時患者和協助者會看到相同的圖片，有時會看到不一樣的。如果真的是患者自己在打字，那麼答案應該都是患者所看到的物體。

測試的結果令人震驚。只要圖片與協助者看到的不同，患者就會答錯。研究人員請來許多組患者和協助者，圖片相異的測試有一百八十次，而患者全部答錯，都是打成協助者看到的圖片。很明顯的，其實是協助者在打字。[2]

赫克發展中心的工作人員看到測試的結果時，每個人都很崩潰。他們完全不知道是自己在鍵盤上發言。這完全是無意識的行為。他們難過了很久，也很難接受這項事實，因為他們都以為自己幫了大忙。一名工作人員表示：「感覺像是我帶好朋友出去玩，結果一出門他就被車撞到。」一位言語治療師說，過了好幾個月他才能平靜地談起這件事。最終，赫克發展中心就放棄了促進性溝通法。

## 大自然和物理世界沒有意志

這兩個案例表面上看起來沒什麼關聯。第一個案例是個日常小事，而第二個案例對自閉症患者的教育有深遠的影響。但重要的是，當事人都搞錯了因果關係。這種錯誤不是自然現象造成的，比如地下室的噪音是由老鼠發出的，而不是水管破了。在這兩個案例中，人們感到困惑的是自己的主導性。玩具店裡的爸爸以為是他在操縱螢幕裡的猴子；而赫克發展中心的工作人員以為自己只是助手。

這些例子令哲學家和心理學家困擾了上千年。在大多數的情況下，我們都能清楚地感覺到自己的掌控力。我想到一個名詞，然後在鍵盤上動動手指就會出現在螢幕上。打開冰箱門，選擇想吃的東西，接著伸手就拿到了。在所有這些情況下，我們有主導權，是決策者也是執行者。但自從哲學家出現後，就開始懷疑這些現象的真實度。而近年來的心理學研究加重了這些疑慮。

首先從宇宙的角度來看，以外星人的觀點來思考。在數不勝數的星系中有個銀河系，當中某個地方有我們所熟悉的太陽，以及圍繞著它旋轉的八顆行星。在這個淺藍色的第三行星上，你正拿著這本書。一想到整個宇宙中有無限多的事物，你就會毫不猶豫地接受決定論，相信這一切都只是化學和物理作用。

X星系有數百萬顆恆星、行星、小行星和太空垃圾，它們在太空遨遊，但不是為了到處觀光。水星緊密地環繞太陽運行，也不是因為它喜歡白天攝氏八百度和夜晚零下二百八十度的太陽表面。下雨時，並不是因為雲朵覺得你的草皮需要澆水了。

不過發生毀滅性的洪災時，就會有人相信，這是上帝在懲罰人類犯下的罪行。對於這些殘酷又無常的災難，人們總想賦予某些意義和解釋，當然科學家不會接受就是了。物理世界的運行就像機械一樣，並不難理解。

人們也很容易理解大自然各物種的運作模式。雜草在你的花園中生長，但它沒有惡意。動物也沒有自由意志（除了在迪士尼電影中唱歌跳舞的小動物），也不會表達內心的渴望。海豚、黑猩猩、狗和貓也許有情感、意識和自由意志。但至少大多數人都會同意，蚯蚓和人類完全不同。意圖、選擇和意志應該只會出現在大腦較大的物種中。

就目前已知的知識來看，這幾個物種只住在太陽系這個藍色的星球上。宇宙中可能有像我們一樣的生物。不過，全宇宙都依照嚴格的物理規則運作，包括數以億計的星系、恆星和行星。問題在於，雖然我們住在廣大遼闊的宇宙中，但是否有哪些特色與眾不同？

## 笛卡兒：靈魂的中心在大腦

各個時代的人在解釋人體運作的方式時，都會用當時最先進的科技發展來類比。在我成長的一九六〇年代，有線電話是現代工程的偉大象徵；學校老師會播放由貝爾實驗室製作的科教影片，其內容有提到，人腦就像電信交換台。[3] 現在我們有了電腦，於是將大腦比作電腦主機板。

在笛卡兒所處的十七世紀歐洲，人們對於自動機械非常著迷，如發條鐘和氣動裝置，也以為動物運動的方式像機械一樣。因此，當時

圖9.1 法國水力工程師德考斯（Salomon de Caus）所設想的機械洞穴（繪於1615年）。資料來源：網際網路檔案館（Internet Archive）

有錢人家的花園中，有許多大型的自動機械裝置，造型則有動物和人物（參見圖9.1）。[4]花園的地板或台階上裝有隱藏的面板，人一踩上去就會觸動閥門，而這些雕像就會動起來或噴出水花。

在這些遊樂裝置的啟發下，笛卡兒認為，人類和動物的身體就像機器一樣，區別在於前者有靈魂。靈魂與身體二元論在當時並不算新穎，亞里斯多德早在很久以前就提出來了，許多哲學家也有類似的想法。但因為笛卡兒描述地更仔細，所以才被視為心理學的先驅者。例如，基於對自動機械的理解，他提出了反射動作論，也就是說，感官訊息會從四肢流向大腦，就像自動機械中的氣動管道一樣（見圖9.2）。此外，他還大膽地提出，位於大腦深處的松果體是靈魂所在之地，也是所有思想形成的地方。[5]

笛卡兒的二元論至今仍說得通，只是我們對身體機制的理解已經進步許多。例如，我們現在知道，反射動作機制比他想得還簡單；腳遭到灼傷時，該項訊息只需傳送到脊髓，而不需要傳送到大腦又返回腿部。我們還知道。松果體會分泌出褪黑激素，以幫助身體切換睡眠與清醒狀態。而透過腦部成像技術（如功能性磁振造影），神經科學家就可以觀察到各種心智活動在腦部運作的區域。不過對於意識的本質，我們還沒有取得任何進展。

當今科學家還沒破解這三個極其困難的問題：

1. 宇宙的起源：事物是如何從虛空中誕生的？
2. 生命的起源：生命是如何從原始物質中出現的？
3. 人類意識的起源及其本質：它是從哪裡來的？它的內容究竟是什麼？

許多科學家認為，針對前兩個問題我們已得到很多線索了，但對於第

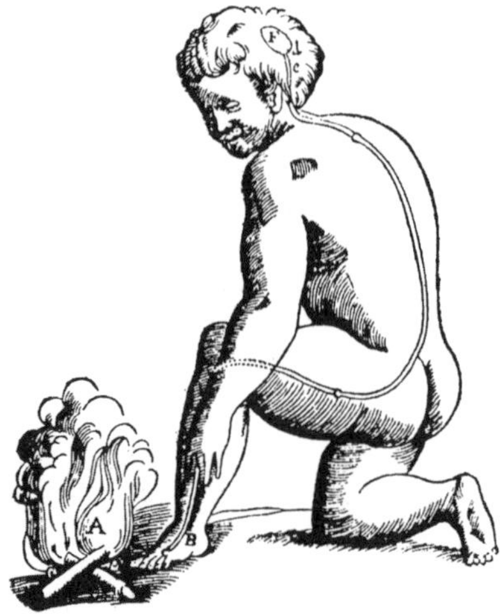


**圖9.2** 笛卡兒在《人類論》（*Traite de l'homme*，1664年）一書中所附的反射動作插圖。資料來源：維基百科

三個問題還是一片空白，就如同站在一個巨大峽谷的邊緣。在我們站立的這一頭，充滿了生理學和神經科學的知識，所以我們看到體內的各種組織、液體和電化學反應。人體是如此絢爛而複雜的機器。比笛卡兒所想像的還要靈巧，但可惜的是，與意識密切相關的部位（大腦）研究起來就很不容易。

研究人體各個部位時，醫生無須殺死它或改變它的功能，但切開活生生的大腦就不一樣了。十九世紀的法國醫生布洛卡（Paul Broca）只能去尋找有某種殘疾的患者，然後等待他們去世。布洛卡會仔細觀察他們的日常生活，然後在其死後取出他們的大腦，試圖找到證據去解釋患者的病情。他最著名的發現被稱為「布洛卡失語症」，其患者理解語言的能力是正常的，但說話時身體卻無法跟著活動，所以發不出聲音。布洛卡發現，這是因為大腦外層左側的顳葉區受損了。

在神經科學的早期發展階段，專家只能用這種緩慢且原始的研究方法，但也真的找出關於大腦功能的基本知識。就像莫雷森一樣，即使大腦部分受損了，還是能讓我們理解記憶的結構。但人體中這個最複雜的器官有許多層次，其間的連結關係令人費解。此外，某些行為是由大腦中的各區域共同負責，因此，光是研究單一個組織的損傷，也無法理解那些行為的機制。最近幾十年來，有些科學家研究了老鼠的大腦，其他人則發明了一系列掃描儀器，以安全地觀察活人的大腦。這些新技術都拉近了我們與峽谷對岸的距離。

峽谷的一邊是科學，另一邊是對於意識的主觀感覺，二者之間無從跨越。研究人員提出了各種理論，但是這一團總重一點三六公斤的濕潤組織，究竟是如何運作，讓愛因斯坦、JK羅琳和笛卡兒等人產生巨大的想像力，至今仍是個謎。科學家若能想設計出巧妙的實驗，去揭露思想和感覺是如何從大腦皮層的軸突和樹突中產生（也就是機械裝置如何變出靈魂），那我們就能跨越這個峽谷，進而理解他人的內在世界。不過，有些人已逐漸感到絕望，認為科學無法完成這個任務。

## 人是如此渺小，但為何又如此特別？

法國哲學家卡繆說，人類的理性是多麼荒謬，所以會去思考許多事情；生命的意義是什麼？愛人對我忠誠嗎？紅襪隊贏得世界大賽的機會有多大？

每個人都認為，自己是用理性去選擇行動方案，而且思考後才採取行動。比方說，你想起了花生醬三明治有多麼美味，所以跑去廚房做了一份；你想去健身房進行鍛煉，但突然覺得要換衣服很麻煩，明天再去就好。不過，有些行為是自動發生的，不需要動腦思考，就像伸手抓癢。

有些重大的行動得先做出計畫，這時我們會意識到自己在進行思考、做決定等一連串的動作。這種意識是自然而然出現的，因為事情是接連著發生。大腦的系統二比較慢，但還是比身體的動作快。因此，決策的過程就是我們所意識到的內容。

許多人深信，人類的確有自主意志，但他們得回答下列疑慮：

**人為何能獨立於自然的連續性（The continuity of nature）？**

如前所見，在浩瀚無垠的宇宙中，只有渺小的人類能違背自然律和決定論。而且人類這麼善變，能自主選擇行動或放棄。到底人類有什麼特別的？如同卡繆所說的，人類以某種方式與自然分離，既不屬於這世界，又存在於其中。不過這聽起來很奇怪，有點像是自然神論，又好像過度強調人的偉大之處。

**非物質性的心靈如何影響身體？**

如果意識或靈魂是非物質的，也不屬於身體的任何一種組織（像笛卡兒說的那樣），那它到底在哪裡？是懸浮在身體之上，或存在於身體之內？而它又如何能使身體做出各種動作？身體外圍真的有一圈如薄紗般的靈體嗎？對現代人來說，這只是很容易被戳破的魔術而已。

**既然心靈推動著身體，那又是「誰」推動著心靈？**

這個問題有點類似於：「如果上帝創造了世界，那麼又是什麼東西創造了上帝？」如果充滿思想的心靈引發了身體的活動，那麼這個心靈又是從哪裡來的？沒有任何原因，也沒有任何推力或創造者，「心靈」就突然就蹦出來了。這種說法缺乏可信度，或只能聲稱是超自然力量造成的。

## 歷史上對自由意志的討論

「我們可以自由地選擇行動」，這觀念存在了很久。在亞里斯多德的《尼各馬科倫理學》中，他詳細分析了三種行為的差異：非自願、自願和深思熟慮的。[6] 非自願行為是遭到強迫或無知所引起的，而旁觀者會同情或憐憫當事人的立場。例如，匪徒綁架了你的家人，叫你去雇主那裡偷錢，不然就要傷害你的家人。另外，有些行為你自願去做，卻在無意中產生了令人後悔的結果，例如，你把半夜進門的兒子誤認是小偷，所以出手打他，這是無知所引起的。

相較之下，自願行為起源於內在動機，既非出於無知，也不是受強烈情感所驅使。據此，動物和孩童有能力自主行動，但不具備決策能力；衝動的行為雖然是自願的，但沒有涉及決策。唯有成年人才能在深思熟慮後而採取行動。

在中世紀的歐洲，人們一直在思考，如何調和自由論與全知上帝（決定論）的衝突。比方說，人死後會獲得救贖或受懲罰，是依據他自主選擇的行為，然而全知的上帝能夠預見人的所有行動；這麼一來，其實上帝早已知道你最終將成為聖人還是罪人。[7] 面對這個矛盾，學者提出了相容論（compatibilism）來解決。

傳統上來說，自由意志和決定論是互斥的觀念。從決定論來看，整個世界（包括我們自己）是依照物理定律、由化學元素建構而成。但從自由意志論來看，在我們的腦袋中，彷彿有某種非物質的靈魂能夠做決定。而相容論者認為，雖然世界是以決定論的法則在運作，人們仍然可以做出選擇，因為選項很多。

在他寫於公元四世紀末的著作中，聖奧古斯丁毫不懷疑人類有自由意志，同時也強調上帝是全知的，包括知道人類的所有選擇。由此來看，上帝是綜觀全局的預測者，而不是決定一切的決策者。[8]十三世紀的教會學者托馬斯·阿奎那也提出了另一套相容論：上帝是一切事物（包括人類的自願行為）的第一原因，但祂有永恆而全知的視角，與人類的時間觀有所不同。雖然地球上的一切事件都是出於上帝的旨意，但人類仍然可以行使自己的意志。

到了十六世紀，歐洲哲學家轉而要解決自由意志與科學決定論的矛盾。笛卡兒提出極端的二元論，認為心靈是人類獨有的，不屬於身體，而且以某種方式控制身體。從現代科學的觀點來看，這套說法不合邏輯，與身體分離的東西要如何指揮身體的行動？笛卡兒的二元論終究得引入某種神祕的力量。

休謨說過：「理性是激情（passion）的奴隸，也應當如此。除了服侍和順從激情，理性絕不能擔當其他職務。」[9]理性和意志都受到激情的驅使和影響。但康德則提出相反的觀點，他認為人類獨有的理性能制服激情。這兩位哲學家都接受自然世界的決定論，但也都試著找出空間，以解釋人們的自主選擇能力。

休謨對自然世界（包括人類行為）的觀點充滿決定論的色彩，他稱之為「必然性」的因果關係；而人的自發性行為也是必然的。然而，他必須在這個世界觀底下找到自由意志的存在。他認為，在人類必然的內在活動中，會出現一些自主的力量，否則「神聖和人類的律法都會被破壞殆盡」。[10] 因此，我們對於他人行為的道德判斷，是奠基於他的動機（內在原因）。康德的觀點更接近笛卡兒的二元論觀點。他主張理性是人類所獨具的能力，能指揮意志和克服激情。

在今天，絕大多數的哲學家都自認為是相容論者；他們承認宇宙的必然規律，但也強調人類有自由選擇的能力。根據二〇〇九年的調查，在九百三十一名哲學教授中，有百分之五十九的人是相容論者，其餘的人則平均落在三種觀點中：自由意志主義者（libertarian）相信，人類的自由意志獨立於自然界之外；強決定論者（hard determinist）則認為，自由意志不存在；還有一部分人選擇了「其他立場」。[11]

撇開哲學家和科學家不談，一般人都是自由意志主義者，雖然承認世上大部分的東西都是由物理法則所決定，但不包括人類的行為。「人有選擇的自由」是根深蒂固的道德原則，儘管相關研究都是西方學者完成的，但從各國的論著看來，這是普遍且有彈性的原則。[12]舉例來說，研究人員請受試者想像，科學家已經辨識出各種行為背後的大腦機制，所以人就是一台精密的機器。但大部分的受試者還是相信，人類有自由意志且對其行為有道德責任。[13]

## 先射箭再畫靶的道德判斷

大部分人都對「意志」（will）和「意圖」（intent）有各自的理解，針對不同的行為，我們會賦予不同的意圖。為了了解一般人的觀點，哲學家馬勒（Bertram Malle）和諾伯（Joshua Knobe）訪問了一群心理系的新生，請他們去評估假想人物安妮的行為意圖。[14]調查結果列於圖9.3。

一如預期，自主控制度低的行為，如出汗、渴望和打哈欠，意圖也較低。高意圖的行為有兩類：不道德的行為（打斷他人說話、開車超速和偷竊）或是隨性的行為（澆花）。

人類是否有自由意志，這是形上學的問題，也是究竟的真理，意識和意志是很難解

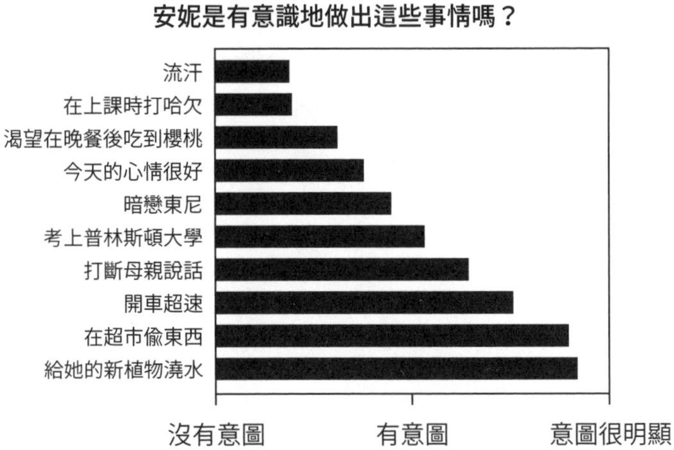


**圖9.3** 行爲意圖的民調

開的謎團，但在理論上只有三種可能：有、沒有或介於兩間間。前面也提到，自由意志和決定論的矛盾關乎我們能否讚美或譴責他人的行為。

「自由意志」的存在是事實問題，但我們會加上宗教或道德上的意義。根據基督教的教義，最後的審判終將來臨，所以我們要謹慎選擇善行或惡行；至於生活中的讚美和責備，也只針對個人的自願行為。審判時，法官也要考慮被告的犯罪意圖。過失殺人的刑期較低，但惡意、預謀殺人就會被重判。因此在法庭上，我們會努力確認被告的心理狀態。

如果陪審團相信派翠西亞是被逼迫

去搶銀行，那就不會被判刑。從小我們就被教導意圖的重要性，如果故意犯錯，將會面臨嚴厲的懲罰。因此小朋友在打破碗或弄髒東西時，第一時間就會脫口大叫說：「我不是故意的！」

然而，一如所見，人們對於意圖和意志的判斷並不客觀。在上一章我們也提到一項問卷，若某公司的新計畫會傷害或改善環境。研究人員發現，相較於正面後果，某行為會造成負面後果時，受試者會認為當事人是故意的。同樣地，在馬勒和諾布的問卷中，比起無關道德或積極向上的行為（例如考上普林斯頓大學），安妮若做出令人不齒的行為（例如偷東西），受試者會認為她的意圖很明顯。十九世紀德國哲學家尼采很懷疑自由意志的存在，他寫道：

> 今天，我們已經不再同情「自由意志」這個概念。我們太清楚它的真正面目了，它是神學家最卑劣的欺騙手段，目的是讓人們按照教義去為自己的行為負責……「責任」這個概念是出於人類的一項本能：想要評判和懲罰他人。[15]

我們現在越來越清楚，尼采是對的。在評斷他人的行為意圖時，我們總是先射箭再畫靶。在理想情況下，要評判他人行為的對錯，應該先確認對方是否是有意，然後再做道德判斷；即先確認細節，再進行整體評價。然而，越來越多的證據顯示，人們會先判斷該行為是否應受譴責，然後再猜想對方的意圖。道德判斷阻礙了人們對於事實的認知。

學界對此進行了一系列的研究，以測試我們對於「袖手旁觀」和「主動介入」的理解。[16]在其中一項研究中，受試者要在「生命權至上」到「選擇權至上」這兩個立場間自我評分。[17]研究人員讓受試者閱讀莎拉的故事：她懷孕兩個月，從醫生那裡得知，胎兒患有一種罕見的維生素B6缺乏症。如果不採取任何行動，胎兒會在一個月內死亡，但如果莎拉採用某種特殊飲食法，胎兒將會正常發育。莎拉擔心養育孩子所帶來的經濟和情感負擔，在考慮過後，她決定不採取行動。因此她沒有改變飲食習慣，而胎兒也不幸在一個月後死亡。

閱讀完這個故事後，受試者要回答，莎拉是放任孩子自然死去，或刻意造成胎兒的死亡。一如預期，反墮胎的受試者認為，莎拉直接導致胎兒死亡，而且她有義務改變飲食習慣。

只要看到違法的行為，我們對自由意志與決定論的立場就會改變。在另一項研究中，一組受試者閱讀了故事一：有人闖入特教老師的家中並拿走了他的貴重物品。另一組人則閱讀了與道德無關的故事二：有人從那位老師住家外邊的回收箱中拿走了一些鋁罐。在分別閱讀完故事後，兩組受試者填寫問卷，以檢視他們對自由意志的觀點。

總體上來說，讀到竊盜版的受試者大多相信人有自由意志，也都想懲罰那個小偷。最後，研究人員發現，受試者對自由意志的相信度，不是取決於他們讀到哪個版本的故事，而是對懲罰犯罪者的欲望。尼采應該也會同意，懲罰的欲望越強，對自由意志的信念就更加堅定。

再次強調，自由意志應該是事實問題（只有真或假），但一般人卻反倒把它當成立場的選擇。

## 念頭出現前大腦就在活動了

我猜想還是有讀者會感到不滿：

好吧，對於自由意志、行為意圖和道德判斷我們是有些偏見。而且從邏輯上來說，人的思考、決策和選擇機制應該與身體乃至於整個宇宙的運行模式一致。但是，我確實感覺到是我自己在做決定和選擇。在付諸行動前，我確實感覺到是自己在權衡各個選項。這種感覺怎麼可能會是妄想呢？

正如我們所見，感官並非總是如實呈現出事物的真實狀態。從本章開頭的兩個例子，我們也看到自由意志的妄想。而人們是如何混淆自己行為的因果關係呢？幸運的是，過去數十年的研究已經揭開了這種妄想的神祕面紗。透過腦部研究，我們便知道行為意圖形成時大腦內部發生的情況。心理學家則發現，在某些條件下，人們對自己在做的事情，很容易產生錯誤的認知。

利貝特（Benjamin Libet）的實驗引起了相當大的爭議。[18]他於一九一六年出生在芝加哥，父母是烏克蘭的猶太移民，因此他是在芝加哥的街頭學會講英語。利貝特後來獲得了芝加哥大學的獎學金，並在二十三歲時取得了生理學博士學位。[19]

在一九八〇年代初，利貝特開始觀察自願行為所伴隨的大腦活動。[20]受試者坐在舒適的椅子上，頭部跟腦電圖儀器相連，而眼前的螢幕會出現類似時鐘的圓盤，邊緣上有個記號；而圓盤轉一圈為二點五秒。過程中，受試者可以依自己的意思隨性做各種動作，例如彈指或轉動手腕。不過，當他感到想要做動作時，必須記下記號在圓盤的哪個位置。

以往的研究顯示出，在做動作前，大腦會累積負電荷，這稱為「準備電位」。透過腦電圖和圓盤記錄，利貝特發現「準備電位」和「想做動作」之間的時間差。他的研究結果引發長期的討論。在多項實驗中，利貝特都發現，人們想要做動作前約三分之一秒時，大腦就已開始在累積負電荷。也就是說，當你意識到想彈指之前，大腦就已經在做準備。

許多人認為利貝特的研究可證明決定論。在我們產生行動的想法前，大腦就已經在做準備，那麼此想法就不會是導致行動的原因。這是因果關係的基本原理。因此，利貝特的研究結果顯示，行為是由身體中某些更根本的動力所引起的，如基因、經歷以及當下的情境，而你意識到的行動念頭，只是這些動力的額外效應。

## 自主性越高，就越容易高估自己的控制力

哈佛大學心理學家韋格納（Daniel Wegner）在二〇一三年去世，他以幽默風趣而聞名。[21]他不擅長說故事或講笑話，但常常說出有趣的評論。他喜歡穿夏威夷襯衫，並且大量收藏了假鬍子眼鏡道具，戴起來就像喜劇演員格魯喬・馬克斯（Groucho Marx）那樣。妻子形容他是「極其幽默的人」。[22]他常常在文章中搞笑，他曾這樣起頭：「客觀來說……」然後接下來又寫道：「算了我還是主觀地說……」[23]

幽默需要智慧和創造力，這些特質在韋格納的學術生涯中發揮了重要作用。他在一九八九年出版《白熊與其他不受歡迎的想法：壓抑、執念和心理控制的心理學》（*White Bears and Other Unwanted Thoughts: Suppression, Obsession, and the Psychology of Mental Control*），並因此聲名大噪。[24]在書中，有人要求托爾斯泰站在角落，直到他不再想著一隻白熊。結果托爾斯泰在那裡站了很久。

韋格納要受試者不要去想白熊，但他們反而腦中都是白熊。在生活中，我們常常想壓抑某些想法，例如對前女友的回憶、尷尬的經歷或準備去開刀，但很難做到。即便是各種領域的專家或高手，也很難壓抑令其厭惡的想法。

在韋格納生涯晚期，他轉向研究控制與意志的心理學。他發現，在很多時候，我們以為自己主動做了某些事，但其實沒有；我們以為沒做某事，但其實是自己造成的。[25] 在圖9.4中，灰色對角方格是所謂的正常狀態。也就是說，我們覺得自己在做某事，實際上也有；我們沒感覺自己在做某事，而實際上也沒有。但生活中卻有很多非正常的情況，如白色對角方格所示。

圖9.4取自韋格納的著作《自主意志的幻覺》（*The Illusion of*

| | 感覺到自己正在做某事 | 沒有感覺到自己正在做某事 |
| --- | --- | --- |
| 確實有在做某事 | 正常的自願行爲 | 自動行爲<br>(案例2、碟仙、精神恍惚、催眠) |
| 實際上沒在做某事 | 以爲自己能控制事態<br>(案例1、迷信、擲骰子、行人號誌按鈕) | 正常的無作爲 |

**圖9.4**

*Conscious Will*），而本章開頭的案例一是他的親身經歷。[26]心理學家將韋格納在玩具店的經歷稱為控制感的幻覺（illusion of control），因為其行為和結果沒有關聯。

面對隨機和巧合的事件時，我們也會有這種幻覺。在日常生活中最常見的這類情況是過馬路。根據二〇〇四年《紐約時報》的報導，紐約市有三千兩百個行人號誌，當中百分之七十五已經失效了，因為全都交由電腦控制，但上面的按鈕都被保留下來以節省拆除成本。[27]不知情的行人還是會按下按鈕，而且有時剛好綠燈亮了，他們就以為按鈕是正常的，是自己決定何時要過馬路。

控制感的幻覺最常出現在實際上根本無法控制的情況。賭客的迷信行為最多了，例如對著骰子吹氣，或是用力擲骰子。[28]在第二章中我們談到，比起旁觀者，負責擲骰子的受試者會以為自己能影響點數。此外，穿上幸運內褲也是類似的幻覺。[29]

按下行人穿越道的號誌按鈕時，出於某種心理機制，你會覺得自己改變了什麼。我在鍵盤上打字，而字母立即在螢幕上出現，所以我相信在寫作的是我自己，而不是人工智慧程式。然而，行動效果延後出現時，你就會開始懷疑自己的主動性。從這個角度來看的話，我們便會好奇，史前人類到何時才發現性行為會導致懷孕。[30]

另一方面，研究人員也發現，當人們認為自己對某事有掌控力，就會覺得效果出現得很快。在一項研究中，受試者只要按下鍵盤上的一個按鍵，之後便會聽到一個聲音，但研究人員在背後操控延遲時間，最快是千分之一秒，最慢是一秒。[31]受試者的任務是去猜想，在按下按鍵後到聽到那個聲音，中間隔了多久。關鍵在於，有時是受試者自己按下了按鍵，而有時是被逼的。在非自願的情況下，受試者的手指用魔鬼氈固定在鍵盤上，而魔鬼氈下面還綁著線；研究人員拉扯那條線，就可以讓受試者的手指按下按鍵。從受試者的角度來看，他們很容易分辨出何時是自己按下按鍵，何時又是被迫按下的。他們得在這兩種情況下估計按下按鍵和聲音出現的時間差。

在另一項研究中，研究人員向受試者的大腦發射安全的磁脈衝，使他們的手部抽動，從而產生非自願的動作。無論是哪項實驗，受試者都表示，如果是自己主動按下按鍵，聲音會幾乎同時出現。也就是說，在行為的當下，如果當事人的自主性越強，就越會以為是自己造成那個後果；這可說是一種認知偏差。

## 隨機的行為可以帶來自由感

在日常生活中，很多行為都是一連串重複的行動。路人行進的動作與速度就像節拍器一樣，規律又可以預測。開車、刷牙、穿衣服和脫衣服都是習慣性又機械化的行為，不能顯示個人的獨立性或自主性。相比之下，隨性的行為更值得觀察，它們不是根深蒂固的習慣或外力所引起，比較像是內在的某種因素所引發的。

在關於自由意志的哲學辯論中，有人以物理學家海森堡的測不準原理來強調自由意志的存在。在受控的實驗條件下，粒子的位置及動量無法同時測量。海森堡認為，不確定性原理打破了決定論的基本原則，但愛因斯坦卻抱持不同意見，他聲稱「上帝不會跟宇宙玩擲骰子遊戲」。[32]科學家仍在辯論這個問題。[33]有些哲學家和科學家（包括海森堡的兒子，生物學家馬丁．海森堡）依然強調，不確定原理證明了自由意志的可能性。[34]然而，針對不確定性是否會動搖宇宙的既定運作，眾人還在爭論中。[35]況且，這些次原子粒子的現象，跟人類的日常選擇有何關聯，其實也不是那麼明顯。

無法預測的行為有許多意義。韋格納與同事伊伯特（Jeffrey Ebert）所進行的兩項實驗都顯示出，隨機的行為（無論是自己還是他人的）能帶來自由感。[36]

在第一項實驗中，受試者被要求登入一個研究網站，接著螢幕上會閃現出 p 或 q 其中一個字母，受試者則據此按下按鍵。第一組受試者看到的順序都是固定的，即 pqpqpq，而第二組受試者的畫面或隨機插入 p 或 q，如 pqqpqpp。在進行了一百次試驗之後，兩組受試者要回答以下問題，如「你是否覺得有選擇按哪個按鍵的自由」和「你是否會想亂按」。儘管螢幕上的內容都是電腦所決定的，但第二組的受試者覺得自己比較自由。

在第二項研究中，受試者在螢幕上看到「新近發現的外星人影片」。第一組受試者看到外星人依序做出九個固定的舉動，並且不斷重複這個順序。第二組受試者也看到這九個動作，但其順序是隨機的。看完影片後，兩組受試者被問到，「外星人是自由選擇自己的動作嗎」和「外星人是否有能力做別的動作」。一如預期，第二組的受試者認為外星人有行動的自由。

韋格納與伊伯特的研究結果顯示出，雖然自然界的運作是依照物理學原理，但有些隨機性的現象，如彈珠灑落的走向、蒼蠅飛行的軌跡，會令人感到當中有自主和自由性。心理學家布魯姆（Paul Bloom）認為，人會做出各種不可預測的行為，也是出於類似的心態。[37]他講述了哲學家卡拉德（Agnes Callard）的故事。

攻讀研究所時，卡拉德常在晚上去散步，還會躺在道路中間的雙黃線上。她說，這種在預期外、不受約束的行為，是為了挑戰傳統的行為規則。布魯姆則稱此為反常的行動（perverse action），並提到其他幾個案例。例如，在二〇一六年，為了替一艘新的英國皇家研究船命名，官方舉辦線上民調，最終「小舟—麥克船臉號」（Boaty McBoatface）得票最高。布魯姆指出，這現象與卡拉德的反常行動一樣。孩子們會給出這麼愚蠢的答案，只是為了證明自己有選擇力。十多歲的青少年都有這方面的問題。根據布魯姆的研究，在許多自稱是被領養的高中生中，有百分之十九的人是在開玩笑。

當然，反常與反叛是不同的，因為前者沒有一致的目標，不是為了建立新規則。雖然當事人知道那是錯的或不好的行為，但就是想偏離正常和預期的軌道。躺在黃線上對卡拉德來說很有趣，因為很少有人會這樣做（謝天謝地）。布魯姆認為，這些反常行為給了當事人自主、真實和自由的感覺。

## 通靈板的真相

在圖9.4的右上方方框中的「自動行為」是無意識的行動，而在歷史上有許多著名的例子。

我住在康乃狄克州的斯通頓（Stonington），而獲獎詩人梅里爾（James Merrill）的故居距離我家三個街區遠。這棟房子是古蹟，內部裝潢保留了梅里爾在一九九五年去世時的原貌。在明亮的珊瑚色餐廳內，有一張圓形的乳白色玻璃餐桌、一塊通靈板（Ouija board）和一個柳花紋茶杯。

梅里爾對通靈板深感興趣，數十年來，他和同伴大衛・傑克森（David Jackson）在玻璃餐桌前度過了許多個夜晚。他們將手放在倒蓋著的茶杯上，以作為靈界的指示器。他們從通靈板上接收到許多長篇訊息，它們來自剛離世的朋友、鄰居還有文學界的偉人，例如詩人史蒂文斯、WH奧登和葉慈。[38] 梅里爾將這些訊息一字不漏地記錄下來，還把它們寫成詩。其中一首〈以法蓮之書〉（The Book of Ephraim）是當事人的口白，以法蓮在公元三十六年被提比留斯大帝的衛兵謀殺。[39]

通靈板是一種自動行為；指針移動時，人們不把它當成是自己的意念造成的。通靈板的標準使用方法為，兩個人將手放在指針上（見圖9.5）。不過，玩家常常會懷疑是對方在控制指針的走向，因而破壞了通靈儀式的效果。

過程中，玩家會專注地看著通靈板，兩人若戴上眼罩的話，就會得出一堆胡言亂語的訊息。[40]

玩家所預測的指針移動方向通常會成真，雖然他們沒有想移動指針，但透過念動（ideomotor action），手指就會自然動起來了；只要有念頭（ideo），身體就會有動作（motor）。為了證明這個效應，研究人員設計了一個極為靈敏的通靈板，那是一塊放在鋼球上的玻璃板。[41]受試者得努力維持手部靜止，但他們總是忍不住受到某種暗示去移動手。

例如，研究人員請某位受試者將一把刀子藏在實驗室某處。開始玩通靈板後，研究人員請他去想那把刀子，沒過多久，他的手就開始移動，並透露出他藏刀子的位置。另一位受試者在遊戲前，要先想著窗外左側的建築物，果然他手一放在通靈板上，手就開始向左移動。僅僅給出暗示，受試者的手如預期般移動，但他不覺得是自己造成的。念動效應可以用來解釋通靈板等自動行為。

圖9.5 諾曼・洛克威爾（Norman Rockwell）的繪畫作品《通靈板》，它還是一九二〇年五月《星期六晚報》的雜誌封面。資料來源：維基百科

與通靈板有關的傳說很多，所以玩家大概都知道會發生哪些「神奇」的事情。如果這像玩玩具車那樣無趣，人們就不會對通靈板感興趣了。

發明家邦德（Elijah Bond）於一八九一年拿到通靈板的專利權，而在此之前，各種形式的「對話板」已廣為流行。[42] 十九世紀時，招魂術和降神會風靡一時，因為人們想要與死者有所交流，尤其是在南北戰爭結束後，許多人的家屬死於戰場。在儀式中，只要靈體一出現，現場的桌子會傾斜、還會出現不明的敲擊以及幽靈般的幻影。不過我們在前面也提到，心理學家威廉・詹姆斯與魔術師胡迪尼都揭穿了許多無恥的靈媒。[43] 然而，仍然有些奇特現象跟詐騙無關。

## 出神狀態：自動書寫與催眠

除了通靈板與召魂術，自動書寫也是十九世紀很盛行的靈界溝通法。書寫者會在通靈板的指針裝上鋼筆或鉛筆，又或者拿筆寫就好。和許多靈媒一樣，書寫者會進入恍惚狀態，在紙上亂寫亂畫，接著才出現有意義的文字。他們聲稱，雖然有感覺到自己的手在寫字，但那不是他們所控制的，甚至不記得寫過這些文字。

在出神狀態中（trance），人們將自己的行動投射到想像中的操作者，韋格納稱之為虛擬的行動者（virtual agent）。拿腹語表演為例，表演者的嘴巴沒動，但他手上的玩偶卻會說出風趣的對白。埃德加・伯根（Edgar Bergen）就是偉大的腹語專家。但人們都知道玩偶不會說話，這只是一種表演而已。

相反地，迷信的人會把通靈現象當真，他們相信逝者的靈魂佔據靈媒的身體，並透過後者的嘴巴發言。靈媒恢復意識後，總是說不知道剛剛發生了什麼事情。也有一些靈媒說，逝者的靈魂上身時，他神智還很清醒，對周圍環境還有感覺。

只要喝酒過量、或是服用某些藥品，人就會進入出神狀態。自有人類歷史以來，巫師、魔術師和占卜師都會進入這種狀態。到了十八世紀末，人類更加著迷於出神，有位德國醫生梅斯梅爾（Franz Mesmer）聲稱「動物磁力」的療效，而巴黎的有錢人紛紛來找他治病。[44]

治療時，梅斯梅爾有時會使用真正的磁鐵，但有時也會從手指射出看不見的「動物磁力」。許多患者都說自己的病好了，只是皮膚有點發熱，但有些人會進入出神狀態，甚至劇烈地抽搐起來，必須在鋪滿軟墊的房間裡休息。一七八四年，法國國王路易十六組織了一個委員會去考察梅斯梅爾的醫療方法，成員包括美國駐法大使班傑明．富蘭克林。在進行了一系列科學測試後，委員會得出結論，認為患者本身的想像力才是療效的源頭。富蘭克林同意這個結論，但不認為有必要關閉梅斯梅爾的診所。

梅斯梅爾引發了各界對催眠的興趣。在這種狀態下，人們可以忍受疼痛、抑制不愉快的想法。醒過來後，當事人也不記得發生的事情，只有覺得意志力消失了，甚至會不由自主地做出許多動作。

自十九世紀中葉以來，許多醫生與心理學家都在研究催眠，並提出了許多理論來解釋。許多人認為這是一種詐術（當事人假裝被催眠），但的確有些人容易被催眠，只要有人下命令就會照做。在拉斯維加斯和各種晚會與活動中，催眠表演還是很受歡迎的。有人還會用催眠來戒菸或治療心理問題。[45]因此，有些研究人員認為，意志薄弱的人願意被催眠，也是希望它真的有療效。還有一些學者認為，在催眠狀態下，當事人會抽離自我，在被下令做特定的動作時，不會有相應的主觀感覺。

這些理論各有支持者，但對於催眠的本質，眾人還是莫衷一是。韋格納認為，「有念頭然後才行動」，這個程序讓我們有一種自主感。[46]在催眠狀態下，當事人的念頭被左右，進而有所行動，而且感知力和自主性都降低了。催眠也很像半夢半醒的狀態，而催眠步驟有放鬆的效果，所以當事人會關閉與計畫和執行相關的心理活動。在催眠師的引導下，當事人的腦袋裡充滿催眠者的意圖，自我控制感也減弱許多。

## 影武者現象

本章一開始的案例二也跟自動行為有關。在一九八〇年代晚期，促進性溝通法肇始於澳洲，並在一九九〇年代初傳入美國。自閉症兒童的父母非常關注這項技術，雪城大學（Syracuse University）也積極投入研發。在一九九〇年，雪城大學的教育學教授比克倫（Douglas Biklen）在《哈佛教育評論》上發表了〈無拘束的溝通：自閉症與實踐〉（Communication Unbound: Autism and Praxis）。他觀察了澳洲所實行的促進性溝通法後，便認為自閉症是一種表達障礙而非認知障礙。[47]比克倫隨後在雪城大學成立了促進性溝通法研究所，許多父母和老師都來參加相關的研討會。

最初，大家都認為這是一段激勵人心的故事：罹患自閉症的兒童與成年人走出陰影，進入社交生活，與他人互動、表達自我。許多振奮人心的故事出現在電視和平面媒體上。

然而，就在這套革命性的方法蓬勃發展時，沒有人停下來思考，為何患者沒有出聲說話，就能學會閱讀和拼寫。有些患者從未接受過完整的語文教育，但卻突然能寫出連貫的句子。支持者認為，只要多看環境中的文字（如廣告或報紙），患者就能掌握語言的關鍵。最後，赫克發展中心的心理學家才產生疑惑，並進行相關的測試。一九九三年，美國新聞節目《前線》播出了一部紀錄片，名為《沉默的囚徒》（Prisoners of Silence），詳細描述了促進性溝通法從神壇掉落騙術的過程。

多年來，我都會在基礎心理學的課堂上播放《沉默的囚徒》，從中可以看到，只要設計簡單的對照實驗，就能揭示令人震驚的真相。學生看完後都很困惑：「協助者怎麼可能不知道其實是自己在打字？」這就是矛盾的地方。協助者確實有介入的疑慮，但患者的伴侶與家人卻寧願相信這套方法的成效。此外，有些經濟能力較好的父母，當年有能力買這套裝置，而孩子也大學畢業了。[48]但協助者怎麼可能不知道自己有沒有插手呢？

韋格納認為，這是協助者把自己的行為被投射到患者身上。在培訓過程中，協助者要學會將患者的手指移動到正確的按鍵上方。這些學員將來又會將這套方法傳承下去，並開發各種新方法，好讓協助過程更順利。[49]協助者往往被要求，「假定受助者有相關能力」。[50]他們的腦袋中被埋下了有毒的種子，所以才會在無意識的情況下引導患者打字。

無意識引導最有名的案例是「聰明漢斯」。德國數學老師威廉·奧斯騰（Wilhelm von Osten）訓練了一匹馬去做算術，包括分數的加法。在老師的指令下，漢斯用蹄子敲出答案（算分數時，牠會先敲出分子，然後敲出分母）。聰明漢斯在二十世紀初的柏林造成轟動，直到一九一一年心理學家豐斯特（Oskar Pfungst）破壞了眾人的樂趣。

這匹馬引發了不小的爭議，所以各界展開調查。只要用簡單的科學方法就能破解聰明漢斯的祕密。豐斯特發現，如果蒙住漢斯的眼睛，牠就無法正確地回答問題；同樣地，如果小聲對漢斯提出問題，以至於奧斯騰聽不到，牠也無法正確回答。最終，豐斯特發現，聰明漢斯在敲蹄子時，奧斯騰的頭部會微微放低觀察，等到敲擊次數正確時，他就會抬起頭來。漢斯實際上沒有在進行數學運算，只是在等候奧斯騰的讚許，而後者卻完全沒有意識到這一點。

促進性溝通也是這樣的無意識引導。經過多天、甚至多年下來的練習，協助者和患者會產生熟悉的互動關係。在相關測試中，每次協助者不知道答案時，患者給出的答案也是錯的。同時，很少有協助者意識到自己才是在打字的人。前協助者簡絲．波依頓表示，等到接受雙盲測試時，她才開始懷疑自己是影武者。[51]患者被問到波依頓也不清楚的簡單問題時（「你家裡的車子是什麼顏色」），她發現自己也在想答案，這時才意識到協助過程出了問題。和赫克發展中心的工作人員一樣，波依頓也很難接受這個事實。

康乃狄克大學和哈佛醫學院的研究人員設計了一項實驗，以說明協助者有多麼容易欺騙自己。[52]針對一半的受試者，研究人員以完全正面的角度介紹促進性溝通法，稱其為人際交流上的重大突破；同時對另一半受試者說它是一種「有爭議的方法」。接下來，受試者觀看這個方法的培訓影片。最後，受試者被告知，他們將與障礙者「潔姬」一起練習，而潔姬是這套系統的成功見證者。所有受試者都拿了潔姬的背景簡介，包括她的家鄉、家庭和最喜歡的食物等等。但其實潔姬是一名健康的大四學生，而且她並不知道自己被當成障礙者。最後，受試者要按照教學影片的方式，托住潔姬的手，以幫助她用鍵盤回答一些基本的背景問題，也就是受試者之前讀到的資料。研究人員私下要求潔姬保持被動，並將目光集中在螢幕外的牆壁上。

實驗結果非常有趣。百分之八十四的受試者敲出有意義的句子，而其中有百分之八十九的回答內容都跟他們先前讀到的簡介一樣。兩組受試者的成功率並無差異，就算後者被告這是「有爭議的方法」。實驗結束後，受試者被問到，這些答案是出自誰的手，百分之九十的受試者都說是潔姬，而百分之五的人說是自己，剩下百分之五的人表示是兩人共同合作產生的。

## 自由意志是有用且拋棄不掉的妄想

人們都自以為能控制自己大部分的行為，甚至當作生而為人的必要條件，然而從前述的實例來看，這種想法是錯的。有時，我們覺得是自己正做某事，而實際上卻沒有；有時我們確實有做，但卻沒有意識到自己做了。這一切都表明，意圖與行動是可以分開來的。對於自主意志感，韋格納有一套理論，[53]我將其改編為圖9.7，並加上時間上的因果鏈、基因、經歷以及當前處境。[54]

在因果鏈的某個時刻下，某個無意識過程引發了行為意圖，而另一個不相關的無意識過程導致了行為。意圖出現在較早的時間點，所以人們會覺得是自己的念頭引發了行為，但這是一種妄想。韋格納未排除這兩個無意識過程會相互影響，因此，在兩個方框

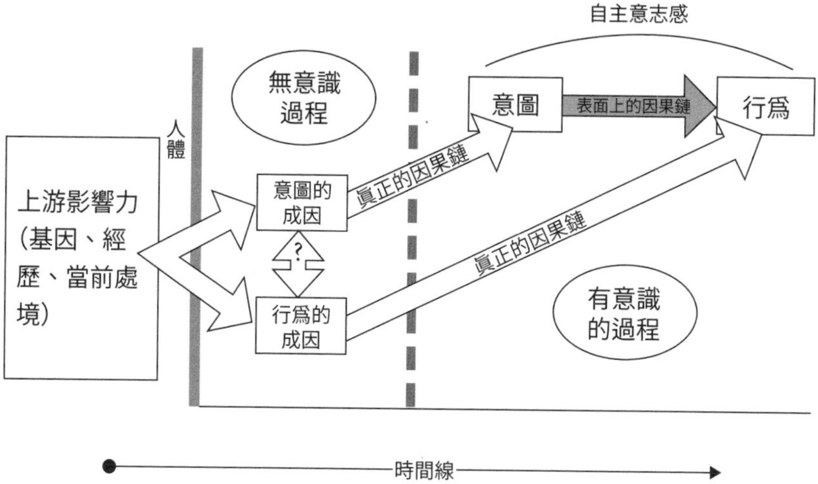


**圖9.7**

之間有個內帶問號的雙向箭頭。[55]

人們總覺得，是自己選擇並發起行動，但這種感覺不是事實。雖然如此，但它是一項非常有價值的妄想，也許是人類最寶貴的妄想。首先，我們用它來區分自己有做與沒有做的事情；韋格納稱之為作者的心情（emotion of authorship）。人類能代代相傳，是因為我們能察覺到因果關係，而且大部分是正確的。這種察覺力包含排除掉某些可能性。方向盤突然打右邊，車輛因此偏離道路，這時你要迅速判斷，是否為自己轉動了方向盤。同樣地，「自願地」或「非自願地」坐到椅子上，這兩者的狀況天差地遠。要弄清楚日常生活的事情，作者心情非常實用，能排除其他假設性的因果關係。

感覺自己有控制權，實質上是有好處的。隨時變化的世界不利於生存，但感覺到自己有自主意志，就能帶來主動性與成就感。如前所見，即使是掌控一切的妄想，也能讓我們人生變幸福。相信自己能力好，就能帶來充實的成就感，並繼續努力下去。

賞善罰惡是很重要的社會功能。有些人認為，如果自由意志是妄想，那道德判斷就沒有意義了；能夠為自己的行為負責，才能得到稱讚或懲罰。如前所見，許多道德哲學和宗教都奠基於自由選擇的能力。因此不少人擔心，若拋棄自由意志的概念，世界就會大亂。如果決定論是終極的真相，那人類社會就很危險了。因此，與其接受人類行為都是物理原因造成的，不如懷抱自由意志的妄想。

值得慶幸的是，我們也放不下自由意志的妄想。即使是最堅定的決定論者，也很難不帶意圖地活著。與配偶發生爭吵時，我們難免會說：「我不是那個意思……」佛教徒也承認，在日常對話中，我們仍要藉助自我的觀念。人類別無選擇，只能用意圖和意志來描述自己和他人的選擇。此外，社會規範和法律也要建立在自由意志的妄想上。

有段時間，人們以為決定論會導致社會崩壞。心理學家沃斯（Kathleen Vohs）和修勒（Jonathan Schooler）發表了兩項實驗結果，旨在探討作弊的可能性。參與實驗的大學生被分為兩組；第一組閱讀了一篇文章，內容暗示人類沒有自由意志，以及大多數的科學家都相信決定論；而第二組則讀了一篇關於人類意識的文章，但沒有提到自由意志的問題。閱讀完後，研究人員將受試者置於充滿誘惑的情境下，結果第一組的同學比較容易做壞事。在第二項實驗中，受試者拿到了一組問題，只要答對一題，就能夠獲得一美元。但接下來研究人員暫時離開，請受試者自己打分數，並自行從現金袋拿取獎金。結果，閱讀了決定論文章的那些同學會多拿不屬於自己的獎金。

決定論看來真的很危險，沃斯與修勒的研究成為哲學家和心理學家常引用的負面教材，《紐約時報》和《大西洋月刊》還大肆報導。但正如你現今所知，科學的進展是迭代的：前進三步，後退一步。在二〇二〇年的實驗中，英國人員未能重現沃斯與修勒的研究結果。後來美、英和澳洲的研究人員還為此組成跨國團隊，前後經歷了五次的實驗，受試者人數更多，但還是不能證明決定論與作弊的關聯。[56]在那一年，又有一項大規模的實驗試圖重現沃斯與修勒的研究，結果顯示，不管受試者是否讀了跟自由意志有關的文章，也不管他們是否相信自由意志，都不能依此來預測是否他們是否會作弊。[57]在這兩次重現實驗後，研究人員總結道，想要改變人們對自由意志的信念，其實非常困難。[58]因此，我們仍然陷在謎團中。最近的研究發現，想要誘導人們去否定自由意志的存在，其實非常也很困難。因此，決定論不見得是危險的觀念。

意識到自己有主動性，我們才能從經驗中學習，進而成功追求目標。我們會感覺到自己的言行一致，並能對自己的行為負責。我們也能藉此學到，哪些行為會受到獎勵或懲罰、什麼是對與錯。理解這些規範後，若我們還是做了不誠實或不公平的事情，就會認為是自己做錯事，因而感到內疚或羞恥。相對地，如果我們做了一些令人欣賞的事情，無論他人是否有注意到，自己都會感到快樂。

人類是社會性動物、是高度相互依賴的物種；對自己所做所為有感覺，才能以此分清楚責任的歸屬，並施以道德評價。在設想行動方案時，我們能事先預測可能的後果，也能接受事情與自己脫離不了關係。當然，機械式的決定論也許是對的，而我們的生活只是如皮影戲表演一樣。但至少我們很幸運，能夠在被操控之餘有諸多感受，並覺得自己的生活有意義、有目標。

# 10

# 自我欺騙是一種生存策略

我對生活有種渴望，儘管這與邏輯相悖，我仍然繼續生活。我不相信宇宙的秩序，但我喜愛春天中黏糊糊的小葉子展開的樣子。我喜愛蔚藍的天空，也喜愛一些人，你知道，有時候愛一個人並不需要理由。我喜愛一些偉大的人類壯舉，儘管我已經不再對它們抱有信念，但出於長期下來的習慣，我的心仍然珍視它們。

——杜斯妥也夫斯基，《卡拉馬助夫兄弟們》

荷馬史詩《奧德賽》裡的英雄一心只想回家。打完特洛伊戰爭後，奧德賽發現自己被困在仙女卡莉普索的島上，她承諾賦予他永生，只要他留下來做她的丈夫。但他只想回到綺色佳，而他的妻子潘妮洛普一直在抗拒多位貪婪的求婚者。在漫長的旅程中，他出生入死，並像許多英雄一樣，展現了出色的領導才能和勇氣。但奧德賽最為人所知的是他的欺騙和偽裝能力。荷馬說他是個狡詐的騙子。他常常對他人謊報自己的身分。最終回到綺色佳時，他的守護女神雅典娜將他打扮成老乞丐，就連他最忠誠的奴隸歐馬厄斯也認不出來。奧德賽還編了一個錯綜複雜的故事，以說明自己的身分和來歷。[1]

在文學作品中，捏造自己的身分、喬裝打扮是常見的劇情：奧德賽扮成乞丐、《第十二夜》中的薇奧拉女扮男裝、羅賓．威廉斯在《窈窕奶爸》中扮演保姆。偽裝在自然界中也很常見。在西非，有一種無毒的蝴蝶，牠能生出五種不同類型的卵，其後代長大後看起來就像是有毒的蝴蝶。而且，如果某種有毒蝴蝶在當地很常見，牠就會生出較多長得像該品種的後代。有些鳥類會假裝受傷，以便吸引捕食者的注意力，使其遠離自己後代的巢穴。這種鳥類會張開一隻翅膀躺在地上，在捕食者撲向牠們前再展翅飛走。[2]

在前面的章節中，我舉了一些隱瞞真心話的例子：言不由衷的伴侶以及在打工時用鄉音跟同事混熟的我本人。有時我們會自欺欺人，就像瓊・蒂蒂知道丈夫再也不會回家了，但仍然保持一絲希望。

不過在大多數的情況下，只要一披上妄想的斗篷，我們是沉浸其中而毫不自知的，正如相信自己能力過人或是感受到「情人眼裡出西施」。前面章節也談到人格一致性和自由意志等妄想，那些感覺非常真實，所以無法擺脫。我們不會覺得那是斗篷，而是自己皮膚的一部分。

在欺騙他人的過程中，我們往往也要連自己一起騙。在第二章，我們談到演化生物學家泰弗士提出的自欺理論：人類演化出了自欺的習性，這樣才能有效地欺騙他人。奧德賽在欺騙方面有非凡的才能。當他穿著乞丐般的破爛衣服回到家中時，只有狗兒阿爾戈斯認出了他。但大多數人都不擅長說謊。想要平步青雲的話，相信自己的謊言（即形成妄想），比較容易達成目標。根據泰弗士的說法，我們會將自欺理解為防禦性的反應，以逃避現實情況。自欺也可以發揮攻擊性的作用，讓我們打敗競爭對手，並在工作、愛情和健康上獲得成功。[3]

換個角度想，奧德賽的欺騙行為彰顯了他出色的適應力。[4]當然，自欺並非總是好事。當一列貨運火車（或流行病）朝你逼近時，總不能還保持樂觀。不過，有用的妄想確實帶有某種自欺的元素，人們才能用它來適應環境、實現高難度的目標。

## 想像力是人類的第一場認知革命

在《人類大歷史》中，歷史學家哈拉瑞談到，大約在七萬年前，人類爆發了一場認知革命，各項能力也跟著擴展開來。[5]大腦擁有了想像力，藝術、科學、社會體制、商業運作與民主制度才跟著出現。系統二不斷演化，人類才得以建造城市、環遊世界、治癒疾病、發明網路、創作《蒙娜麗莎》和膾炙人口的歌曲。人類的大腦是自然界最偉大的成就，也是唯一能夠摧毀這顆藍色星球的力量。[6]

這場認知革命是上述一切的關鍵。人類累積了好幾個世紀的知識，各個領域才得以發展。我們每個人都繼承了一些前人的知識和記憶，還有計算、推理以及預測能力。我們應該繼續尊崇理性之神，讓科學、邏輯和技術成為人生的指南針。有時我們還是會失去自制力，在深夜來一塊草莓蛋糕，或購買毫無用處的奢侈品。為了工業發展，我們還犧牲掉美麗的自然環境。我們不可能時時刻刻都遵守理性選擇論，但起碼它是個值得努力實現的目標。

不過，還是會有些例外情況。

在撰寫本書的過程中，我常常感到憂心忡忡，因為人們對真相和妄想的鑑別力越來越低。二〇二〇年美國總統大選過後兩週，益普索公司進行民意調查，發現有百分之五十二的共和黨人相信「川普正當且合法地贏得總統大選了」，儘管事實並非如此。[7]二〇二一年七月，網路市調公司YouGov的報告顯示，在不打算接種新冠疫苗的人當中，有百分之五十一認定，政府會透過注射疫苗來對自己植入晶片。[8]另一項調查發現，百分之十七的美國人認為新冠疫情是美國政府策畫的，另外百分之十三的人相信，新冠疫情其實是一場騙局，是由不明的「強大勢力」所創造出來的。[9]甚至有人認為這背後有政治動機。在二〇二〇年總統大選過後，我有個朋友在公園裡跑步，有個陌生人突然對她大喊：「妳現在可以摘下口罩了。選舉已經結束了！」

證據、理性和科學非常重要，千萬年之後也是如此。我沒有要挑戰這個立場，本書的主旨也不是如此。然而，儘管理性有這麼多好處，但生命的意義不在於擴充腦容量與智力，人類的目標始終只有一個：生存。最聰明或最合邏輯的生物不會獲得什麼獎勵，只要多活一天，就是最棒的獎勵。

當然，理性和計算能力讓我們活得更久、更舒適，但它們只是眾多工具之一。人類是無毛的哺乳動物，出生後得靠他人餵食。人類的生存有賴於社群，還得改變外在環境以滿足自身的需求。人類的許多成就都要歸功於理性，但有些事情既不合乎理性，卻又對生活有益。正如為了適應環境而欺騙自己，或者用不合理的信念幫助自己度過難關。

這個立場與達爾文和威廉・詹姆斯的實用主義哲學一致。受天擇論的啟發，實用主義者將功能主義的方法論應用在生物和人類的思想上。[10]根據這個觀點，思想的意義取決於它所產生的行動。[11]詹姆斯觀察到，儘管缺乏證據，但人們依舊會相信某些事情，因為它們可以帶來正面效果。心理學家喬納森・拜倫也認為，就算不合邏輯，但只要能帶來好結果，就是合理的想法。

智人屬於出現在三十五億年前的人科，而智人出現在兩億年前。[12]在認知革命之前，也就是七萬年前，人類就已成功存活了數億年。在我們能以理性選擇論做決定前，很多能力就已存在了，而人類今日的成就也有賴於它們。人類生來就有反射、本能、感知以及適應環境等能力，但它們並不符合工具理性的概念。全然地理性思考是個好主意，但這不切實際也沒有好處。

## 妄想大多是後天環境培養起來的

在本書的開頭我提到，某些有益的妄想是種天生的能力，而其他的妄想具有可塑性、可以讓人自主控制。當然，現在已經沒人相信人類對自己有全然的控制力。那我們又如何做出這種區別？可以從種系發育（phylogeny）和個體發育（ontogeny）的角度來思考。

種系發育源自於基因，而個體發育是在生命歷程中獲得的東西。這樣的分類只是一種假說，但可以肯定的是，夢境、意識和自由意志是從種系發育而來，屬於生物本能。當然，人類的各種身心現象一定是先天條件加上後天養育所決定的，因此，不管是清醒或在睡眠中的念頭，一定會跟個人經歷有關。每個人都會做奇怪的夢，還會覺得自己是那些怪事的始作俑者。

人格一致性以及自我欺騙都有賴於自我意識。但社會心理學和赫斯特的故事告訴我們，環境也很重要。因此，自我感是由先天和後天獲得的特質所組成的。

本書中所討論到的妄想大多取決於個體發育的歷程，也就是每個人所經歷到的人事物。因此，你會有機會成為樂觀主義者、悲觀主義者、懷疑論者、佛教徒、熱戀中的人或單身貴族。對於大多數人來說，這些後天的妄想都有機會獲得，但是出生的家庭以及環境不是自己能選擇的，所以這些妄想有時也不是你所能決定的。無可置疑的是，每個人出生時的個性總有些差異，天生會有的妄想也所不同，但大部分的妄想都是從後天經驗中培養起來的，較具有可塑性。

有些人在家人或伴侶過世時，並沒有像蒂蒂安和我的朋友蘇珊那樣，總是有些怪異的念頭，前者反而是樂觀地接受人終須一死。但對於蒂蒂安那樣的人來說，妄想有很多好處，至少在面對變故的強烈衝擊時，讓自己更有韌性。

## 善良是一種妄想，但也是人類共同生活的基礎

奧德賽這麼會騙人，那他是否是個好人？[13]他經常改變身分、又老是在圓謊，這該如何評判他的道德品格？蘇格拉底與另一位智者希庇亞斯有一回談到，比起奧德賽，荷馬史詩《伊里亞德》裡的核心人物阿基里斯是否更像英雄。希庇亞斯認為，阿基里斯穩

重又誠實，而奧德賽狡詐又虛偽。[14]蘇格拉底則為奧德賽辯護，認為他是有目的且謹慎地說謊，還因此攻下了特洛伊城，最終讓自己順利回到家鄉。[15]然而，這種辯解並不容易讓人接受。

讀完前兩章後，我們面臨到類似的困境。如果人格的連續性和自由意志的信念都只是妄想，那麼道德品格要如何成立？如果個人的行為並非出自於他的意念與選擇，而僅僅是先天條件和後天教養的綜合結果，那麼我們如何對自己所做出的事情負責？這種觀點難道不是在為謀殺犯和強姦犯辯護，同時也在貶低那些有才華又努力工作的人？

這並不必然。

人類是社會性動物，所以一定得生活在群體中：家庭、社群和國家。我們藉由家族、社群、文化和語言緊密地連結在一起。只要有助於成員和整個群體繁榮的言行，都要加以鼓勵。行為準則、道德和法律規範，只要這些體系能實現群體的目標，它們就會繼續存在。父母會給予獎勵和懲罰，而學校、宗教團體、雇主和司法體系也會這樣做。

例外情況當然也有。比如說，當某人在槍口下被迫犯法，就無須接受懲罰，因為法律的作用是要警示世人。同樣的道理，精神疾病患者也不會被判刑。[16]這些人其實沒有選擇，也無意犯錯，而社會譴責的力道也會比較小。另一方面，「心懷惡意」或「有犯罪意圖」等概念是奠基於自由意志，因此被告是「可教化的」。「預謀犯罪」則代表，如果此人當初良心發現或三思而後行，就不會有後續的犯罪行為。雖然就理論上來說，自由意志並不存在。

不過研究人員也發現，只要你想懲罰他人，就會假定對方有選擇的能力。雖然「心懷惡意」在客觀上來說不成立，只是種妄想，但它也能變成社會壓迫的工具。既然每個人都其有不變的特質。那麼對於觀念古板的人來說，為了懲罰某人，就會將他貼上標籤，如「兇手」、「盜賊」、「罪犯」和「說謊成性」，而不考慮對方的苦衷。他們從對方犯過的錯誤中挑選出最嚴重的，讓他終身背負罪名。

真實的人不只有單一面向。要結婚或建立重要的人際關係時，人格一致性就會派上用場。我們得確認，目前對這個人的理解未來也不會變，尤其是他的道德層面。但世事多變，每個人都有可能成為另一種人。相信對方的人格一致性，是我們願意承擔的風險。我們會不時評估對方，定期觀察他們的優點和缺點、美德和惡習，只要這些表現符合社會的主流標準，就能預測他未來的行為。總之，不管是建立哪種關係，我們都得承擔一定程度的風險。

群體和個人都會有一套判斷他人行為的標準。我們不光會觀察到他人的行為，還得與某些人一起生活。而我們之所以選擇與他們一起生活，是因為我們相信他們的行為模式是可以信賴的。有人格一致性的妄想，才有建立長久人際關係的可能。

古典文學專家艾米莉．威爾遜（Emily Wilson）將《奧德賽》翻譯成英文版，在譯者前言中，她開頭第一句話便是「這個故事是關於一個個性複雜的人物」。奧德賽是複雜的人，而本書的主旨就是提醒大家：我們都是複雜的人。我們是理性、幻想、智慧和情感的混合體。

卡繆說：「荒謬的理性能力使我與一切創造物對立。而我無法拿起筆來抹去它。」他在談論的是意識的重擔以及對生與死的認知。然而我要強調，人類不與自然的創造物對立。確實，我們不是森林裡的樹或貓，但我們也是大自然的一部分。讓人類得以生生不息的元素非常古老，而「荒謬的理性」是誕生於七萬年前的認知革命中。

天擇是最極端的實用主義者，它賦予每個物種「活到隔天」的特質。對人類而言，智力和計算能力完成了大部分的工作，但要過上幸福成功的人生，就得依靠一些不合邏輯的想法。但大自然並不關心邏輯，只想知道人類能不能玩完這場遊戲。如果我們希望繼續成為這個小星球的一份子，並有幸迎接下一個黎明的微光，就需要運用自身所擁有的一切工具。

# 致謝

本書謹獻給兩位心理學家，他們對我的研究工作及本書的寫作影響深遠。

我與 Howard Rachlin 當面進行過幾次交談，也透過電子郵件交流，但不能說我很了解他。有幾年時間，我教授一門名為「非理性行為」的研討課，我使用 Rachlin 的著作《自我控制的科學》（*The Science of Self-Control*）作為教材；這本書也啟發我撰寫了《破產：為什麼美國人（仍然）無法守住他們的錢》（*Going Broke: Why Americans (Still) Can't Hold on to Their Money*）。

我對 Daniel Wegner 一無所知，直到他的女兒來選修我開設的基礎心理學，我才發現她的父親是哈佛大學的心理學家。隨後，我教授一門有關自由意志心理學的研討課，其中 Wegner 的著作《自主意志的錯覺》（*The Illusion of Conscious Will*）是主要的教材。

以上這兩位學者都是非常有創造力的研究者，也是非常優秀的人。如果沒有他們，這本書就不會寫成。

我有幸與哲學家Derek Turner共同負責大一的研討課，主題是懷疑主義，他負責講解克利福德與威廉．詹姆斯的論辯。有幾位人士閱讀並評論了本書的一些章節，包括Ross Morin、Lindsay Crawford、Simon Feldman和Gary Greenberg。我要感謝Lindsay Crawford向我介紹了Alison Gopnik和Berislav Marušić，尤其要感謝Gary Greenberg和Simon Feldman對手稿的評論。我還要感謝我的鄰居、《牛津通識讀本》系列著作的同行友人、以及我的朋友Jonathan Post在十四行詩方面提供的知識。

這本書大部分的內容撰寫於在美國新冠疫情蔓延的那一年，感謝許多好朋友的支持。感謝他們在後院、公園、Zoom上保持安全距離的陪伴和共飲的雞尾酒，感謝他們對我的支持。我要感謝Lynn Callahan、Jeffrey Callahan、Uta Gossman、Langdon Hammer、Joanna Scott、James Longenbach、Kevin Plummer、Gary Stoner、Ross Morin、Simon Feldman、Kim Stillwell、Lindsay Crawford、Bill Campbell、Danielle Egan、Michael Reder、Frederick Paxton、Sylvia Malizia、Susan Lindberg、Alex Hybel、Jan Hybel、Robert Gay、Sherri Storm、Lee Hisle、Julie Worthen、Mary Devins、David Jaffee、Rachel Boggia、Perry Susskind、Marc Zimmer、Dianne Zimmer、Gabby Arenge、Kira Goldenberg、和Rachel

Dreyer。我還要感謝我的家人Emily Goda、John Goda、Graham Vyse、Norma Vyse、Keith Vyse、和Kayo Nonaka。

我要感謝Eve Peyser准許我使用她的一篇推文，以及感謝Algonquin Books、Springer Nature和Penguin Random House允許我使用Tayari Jones、H. G. Wells和Kurt Vonnegut Jr.的引文。

寫作是一項孤獨的活動，但幸運的作家會得到許多人的幫助。Fabian Shalini和Newgen KnowledgeWorks的團隊在製作本書方面做得非常出色，而Cheryl Jung則進行了重要的校對工作。這項寫作計畫一開始的走向與本書完全不同，但是在我與出色的經紀人Jessica Papin進行了一次非妄想性的對話後，寫作方向出現了大轉彎。我非常感激她聰明的判斷。牛津大學出版社的編輯Sarah Harrington和Joan Bossert在過去幾十年來一直是我工作上的忠實支柱，非常感激他們。

say-biden-won-because-of-a-rigged-election-reuters-ipsos-poll-idUSKBN27Y1AJ.

8 Kathy Frankovic, "Why Won't Americans Get Vaccinated?" *YouGov*, July 15, 2021, https://today.yougov.com/topics/politics/articles-reports/2021/07/15/why-wont- americans-get-vaccinated-poll-data.

9 Jon Henley and Niamh McIntyre, "Survey Uncovers Widespread Belief in 'Dangerous' Covid Conspiracy Theories," *Guardian*, October 26, 2020, https://www.theguardian. com/world/2020/oct/26/survey-uncovers-widespread-belief-dangerous-covid-conspiracy-theories.

10 Frithjof Nungesser, "The Evolution of Pragmatism: On the Scientific Background of the Pragmatist Conception of History, Action, and Sociality," *European Journal of Sociology* 58, no. 2 (2017): 327–367, https://doi.org/10.1017/S0003975617000121.

11 William James, *Pragmatism* (Toronto: Dover), 1995. Original work published in 1907.

12 Harari, Sapiens: *A Brief History of Humankind*.

13 Madeline Miller and Emily Wilson, "Reimagining the Classics," recorded conversation, November 20, 2020, https://www.crowdcast.io/e/_reimaginingclassics?utm_campaign=discover&utm_source=crowdcast&utm_medium=discover_web.

14 Plato, *Lesser Hippias*, trans. Benjamin Jowett. Project Gutenberg, 2008.

15 Laurence Lampert, "Socrates Defense of Polytropic Odysseus: Lying and Wrong-Doing in Plato's Lesser Hippias," *Review of Politics* 64, no. 2 (2002): 231–259.

16 Steven Pinker, "The Fear of Determinism," in *Are We Free? Psychology and Free Will*, ed. John Baer, James C. Kaufman, and Roy F. Baumeister (New York: Oxford University Press, 2008), 311–324.

17 Albert Camus, *The Plague: The Fall; Exile and the Kingdom; and Selected Essays* (New York: Knopf, 2004), 534.

49 See, for example, Sue Rubin's website, https://sites.google.com/site/suerubin696/.

50 Rosemary Crossley and Jane Remington-Gurney, "Getting the Words Out: Facilitated Communication Training," *Topics in Language Disorders* 12, no. 4 (1992): 29–45; Diane Twachtman-Cullen, *A Passion to Believe: Autism and the Facilitated Communication Phenomenon* (Boulder, CO: West View Press, 1997).

51 Jamie Burke and Douglas Biklen, "Presuming Competence," *Equity and Excellence in Education* 39, no. 2 (2006): 166–175.

52 Janyce Boynton, "Facilitated Communication—What Harm It Can Do: Confessions of a Former Facilitator," *Evidence-Based Communication Assessment and Intervention* 6, no. 1 (2012): 3–13.

53 Cheryl A. Burgess et al., "Facilitated Communication as an Ideomotor Response," *Psychological Science* 9, no. 1 (1998): 71–74.

54 Wegner, *The Illusion of Conscious Will*, chapter 9; Daniel M. Wegner and Thalia Wheatley, "Apparent Mental Causation: Sources of the Experience of Will," *American Psychologist* 54, no. 7 (1999): 480–492.

55 韋格納的圖表請參見其著作：*The Illusion of Conscious Will*, 68.

56 Kathleen D. Vohs and Jonathan W. Schooler, "The Value of Believing in Free Will: Encouraging a Belief in Determinism Increases Cheating," *Psychological Science* 19, no. 1 (2008): 49–54.

57 Thomas Nadelhoffer et al., "Does Encouraging a Belief in Determinism Increase Cheating? Reconsidering the Value of Believing in Free Will," *Cognition* 203 (2020): 1–13.

58 Nicholas R. Buttrick et al., "Many Labs 5: Registered Replication of Vohs and Schooler (2008), Experiment 1," *Advances in Methods and Practices in Psychological Science* 3, no. 3 (2020): 429–438.

## 第十章

1 Homer, *The Odyssey*, trans. Emily Wilson (New York: Norton, 2018).

2 Robert Trivers, *The Folly of Fool: The Logic of Deceit and Self-Deception in Human Life* (New York: Basic, 2011).

3 William Von Hippel and Robert Trivers, "The Evolution and Psychology of Self-Deception," *Behavioral and Brain Sciences* 34, no. 1 (2011): 1–16.

4 Emily Wilson, *The Odyssey*. 另外請參見 Stephen Metcalf, Dana Stevens, and Julia Turner, "Murder on the Orient Express Is Richly Upholstered Nonsense," *Slate Magazine*, November 15, 2017, https://slate.com/culture/2017/11/murder-on-the-orient-express-louis-c-k-and-emily-wilsons-odyssey-translation.html.

5 Yuval Noah Harari, Sapiens: A Brief History of Humankind (New York: Harper Collins, 2015).

6 這可能有點誇張。若考慮到所有的生物（包括細小的微生物，如水熊蟲），人類應該無法摧毀地球上的所有生命。

7 Chris Kahn, "Half of Republicans Say Biden Won Because of a 'Rigged' Election: Reuters/Ipsos Poll," *Reuters*, November 18, 2020, https://www.reuters.com/ article/us-usa-election-poll/half-of-republicans-

https://slate.com/technology/2013/01/when-did-humans-realize- sex-makes-babies-evolution-of-reproductive-consciousness-of-the-cause-of-pregna ncy.html.

32 James W. Moore, Daniel M. Wegner, and Patrick Haggard, "Modulating the Sense of Agency with External Cues," *Consciousness and Cognition* 18, no. 4 (2009): 1056–1064.

33 Mindy Weisberger, "'God Plays Dice with the Universe,' Einstein Writes in Letter About His Qualms with Quantum Theory," *LiveScience*, June 12, 2019, https://www. livescience.com/65697-einstein-letters-quantum-physics.html.

34 Paul S. Wesson, "Space-Time Uncertainty from Higher-Dimensional Determinism (or: How Heisenberg Was Right in 4D Because Einstein Was Right in 5D)," *General Relativity and Gravitation* 36, no. 1 (2003): 451–457.

35 Martin Heisenberg, "Is Free Will an Illusion?" *Nature* 459 (2009): 164–165; Robert Kane, *A Contemporary Introduction to Free Will* (Oxford: Oxford University Press, 2005).

36 Wesson, "Space-Time Uncertainty from Higher-Dimensional Determinism."

37 Jeffrey P. Ebert and Daniel M. Wegner, "Mistaking Randomness for Free Will," *Consciousness and Cognition* 20, no. 3 (2011): 965–971.

38 Paul Bloom, "The Strange Appeal of Perverse Actions," *New Yorker*, July 19, 2019, https://www. newyorker.com/culture/annals-of-inquiry/perverse-incentives; Robert Wright, "Agnes Callard on Acting against Your Interests," *Nonzero*, https://nonzero. org/post/agnes-callard-akrasia.

39 James Merrill, *The Changing Light at Sandover* (New York: Knopf, 2011).

40 Langdon Hammer, *James Merrill: Life and Art* (New York: Knopf, 2015), 194.

41 遮住眼睛來玩通靈板請見："Do You Believe?" Brain Games video series, National Geographic, February 5, 2015, https://www.yout ube.com/watch?v=PRo8TytvIDw.

42 Joseph Jastrow and Helen West, "A Study of Involuntary Movements," *American Journal of Psychology* 4, no. 3 (1892): 398–407.

43 Stoker Hunt, *Ouija: The Most Dangerous Game* (New York: Harper, 1985).

44 Theodore Flournoy, *Spiritualism and Psychology* (New York: Harper & Row, 1911).

45 Douglas J. Lanska and Joseph T. Lanska, "Franz Anton Mesmer and the Rise and Fall of Animal Magnetism: Dramatic Cures, Controversy, and Ultimately a Triumph for the Scientific Method," in *Brain, Mind and Medicine: Essays in Eighteenth-Century Neuroscience*, ed. Harry Whitaker, Christopher Upham Murray Smith, and Stanley Finger (New York: Springer, 2007), 301–320.

46 Steven Jay Lynn and Irving Kirsch, *Essentials of Clinical Hypnosis: An Evidence-Based Approach* (Washington, DC: American Psychological Association, 2006).

47 Wegner, *The Illusion of Conscious Will*, chapter 8.

48 Douglas Biklen, "Communication Unbound: Autism and Praxis," *Harvard Educational Review* 60, no. 3 (1990): 291–314.

346–358.

14 Felipe de Brigard, Eric Mandelbaum, and David Ripley, "Responsibility and the Brain Sciences," *Ethical Theory and Moral Practice* 12, no. 5 (2009): 511–524; Eddy D. Nahmias, Justin Coates, and Trevor Kvaran, "Free Will, Moral Responsibility, and Mechanism: Experiments on Folk Intuitions," *Midwest Studies in Philosophy* 31, no. 1 (2007): 214–242.

15 Bertram Malle and Joshua Knobe, "The Folk Concept of Intentionality," *Journal of Experimental Social Psychology* 33, no. 2 (1997): 101–121.

16 Cited in Cory J. Clark et al., "Free to Punish: A Motivated Account of Free Will Belief," *Journal of Personality and Social Psychology* 106, no. 4 (2014): 501–513.

17 Fiery Cushman, Joshua Knobe, and Walter Sinnott-Armstrong, "Moral Appraisals Affect Doing/Allowing Judgments," *Cognition* 108, no. 1 (2008): 281–289, experiment 2.

18 Clark, "Free to Punish."

19 作者承認此處確實帶有某種反諷意味。

20 Thomas H. Maugh, "Benjamin Libet, 91; Physiologist Probed Consciousness," *Los Angeles Times*. August 27, 2007, https://www.latimes.com/archives/la-xpm-2007-aug-27-me-libet27-story.html.

21 Benjamin Libet, "Unconscious Cerebral Initiative and the Role of Conscious Will in the Initiation of Action," *Behavioral and Brain Sciences* 8 (1985): 529–566, Benjamin Libet, C. A. Gleason, E. W. Wright, and D. K. Pearl, "Time of Conscious Intention to Act in Relation to Onset of Cerebral Activity (Readiness-Potential). The Unconscious Initiation of a Freely Voluntary Act," *Brain* 106 (1983): 623–642.

22 "Remembering Daniel M. Wegner," *Association for Psychological Science*, December 31, 2013, https://www.psychologicalscience.org/observer/remembering-daniel-m- wegner.

23 Bryan Marquard, "Daniel M. Wegner, 65; Harvard Social Psychologist Unraveled Mysteries of Thought and Memory," *Boston.com*, July 11, 2013, https://www.boston. com/news/local-news/2013/07/11/daniel-m-wegner-65-harvard-social-psycholog ist-unraveled-mysteries-of-thought-and-memory.

24 Daniel M. Wegner, *White Bears and Other Unwanted Thoughts: Suppression, Obsession, and the Psychology of Mental Control* (New York: Guilford Press, 1994), 9.

25 Wegner, *White Bears and Other Unwanted Thoughts*.

26 Daniel M. Wegner, *The Illusion of Conscious Will* (Cambridge, MA: MIT Press, 2002), 8.

27 Wegner, *The Illusion of Conscious Will*, 9–10.

28 Christopher Mele, "Pushing That Crosswalk Button May Make You Feel Better, But... ," *New York Times*. October 27, 2016, https://www.nytimes.com/2016/10/28/us/placebo-buttons-elevators-crosswalks.html.

29 Stuart Vyse, *Believing in Magic: The Psychology of Superstition—Updated Edition* (New York: Oxford University Press, 2014).

30 Vyse, *Believing in Magic*.

31 J. Bryan Lowder, "When Did Humans Realize That Sex Leads to Pregnancy?" *Slate*, January 10, 2013,

*Meaning of Life* (New York: Farrar, Straus and Giroux, 2009), 145–146.

46 James Giles, "The No-Self Theory: Hume, Buddhism, and Personal Identity," *Philosophy East and West* 43, no. 2 (2012): 175–200.

47 Alison Gopnik, "Could David Hume Have Known about Buddhism? Charles François Dolu, the Royal College of La Flèche, and the Global Jesuit Intellectual Network," *Hume Studies* 35, no. 1–2 (2009): 5–28; Alison Gopnik, "How David Hume Helped Me Solve My Midlife Crisis," *Atlantic*, September 14, 2015, https://www.theatlantic. com/magazine/archive/2015/10/how-david-hume-helped-me-solve-my-midlife-cri sis/403195/.

## 第九章

1 這項情節取材於真實發生在Daniel Wegner身上的事情，as reported in Daniel M. Wegner, *The Illusion of Conscious Will* (Cambridge, MA: MIT Press, 2002), 9–10.

2 Bronwyn Hemsley et al., "Systematic Review of Facilitated Communication 2014–2018 Finds No New Evidence That Messages Delivered Using Facilitated Communication Are Authored by the Person with Disability," *Autism & Developmental Language Impairments* 3, (2018): 1–8.

3 Jon Palfreman, *Frontline*, "Prisoners of Silence," videotape (Boston: WGBH Public Television, 1993); Douglas L. Wheeler et al., "An Experimental Assessment of Facilitated Communication," *Mental Retardation* 31, no. 1 (1993): 49–60.

4 *Gateways to the Mind*, made by Owen Crump for the Bell Laboratory Science Series, (1958), accessed January 10, 2018, https://lucian.uchicago.edu/blogs/sciencefilm/ human-sciences-on-film/consciousness/506-2/.

5 Jessica Riskin, "Machines in the Garden," *Republics of Letters: A Journal for the Study of Knowledge, Politics, and the Arts* 1, no. 2 (2010): 16–43.

6 Gert-Jan Lokhorst, "Descartes and the Pineal Gland," *Stanford Encyclopedia of Philosophy* (Fall 2020 ed.), ed. Edward N. Zalta, https://plato.stanford.edu/archives/ fall2020/entries/pineal-gland/.

7 Sarah Broadie and Christopher Rowe, Aristotle, *Nicomachean Ethics: Translation, Introduction and Commentary* (Oxford: Oxford University Press, 2002).

8 John H. Wright, "Divine Knowledge and Human Freedom: The God Who Dialogues," *Theological Studies* 38, no. 3 (1977): 450–477.

9 Ilham Dilman, *Free Will: An Historical and Philosophical Introduction* (London: Routledge, 1999).

10 David Hume, *A Treatise of Human Nature* (Mineola, MN: Dover, 2003), 295. Originally published in 1740.

11 Hume, *A Treatise of Human Nature*, 292.

12 "The PhilPaper Surveys," https://philpapers.org/surveys/results.pl.

13 Hagop Sarkissian et al., "Is Belief in Free Will a Cultural Universal?" *Mind & Language* 25, no. 3 (2010):

Publishers, 2011).

27 Theodore Mead Newcomb, *The Consistency of Certain Extrovert-Introvert Behavior Patterns in 51 Problem Boys* (New York: Teachers College, Columbia University, 1929). See also H. Hartshorne and M. A. May, *Studies in Deceit. Book I. General Methods and Results. Book II. Statistical Methods and Results* (Oxford, England: Macmillan, 1928).

28 Ross and Nisbett, *The Person and the Situation.*

29 Strohminger, "Moral Character Is the Foundation of a Sense of Personal Identity." 下述內容大多取自於Strohminger的文章。

30 Gordon W. Allport, "What Is a Trait of Personality?" *Journal of Abnormal and Social Psychology* 25, no. 4 (1931): 368–372.

31 Strohminger, "Moral Character Is the Foundation of a Sense of Personal Identity."

32 Kristján Kristjánsson, "Selfhood, Morality, and the Five-Factor Model of Personality," *Theory & Psychology* 22, no. 5 (2012): 591–606.

33 M. W. Hughes, "Personal Identity: A Defence of Locke," *Philosophy* 50, no. 192 (2016): 169–187.

34 我應該明確指出，在麥迪遜訴阿拉巴馬州案的判決中，法官並未提及洛克的認同理論。此處提出的內容是我自己的觀點。

35 Aurora Barnes, "Madison v. Alabama," *SCOTUSblog*, https://www.scotusblog.com/case-files/cases/madison-v-alabama/.

36 "Vernon Madison, Whose Case Challenged Execution of Prisoners with Dementia, Dies on Alabama's Death Row," *Death Penalty Information Center*, https://deathpena ltyinfo.org/news/vernon-madison-whose-case-challenged-execution-of-prisoners- with-dementia-dies-on-alabamas-death-row.

37 John Locke, *An Essay Concerning Human Understanding* (Indianapolis, IN: Hackett, 1996), 142–143. Originally published in 1689.

38 Derek Parfit, "Personal Identity," *Philosophical Review* 80, no. 1 (1971): 3–27.

39 Harry Frankfurt, *On Truth* (New York: Knopf, 2006), 72.

40 René Descartes, *Discourse on the Method of Rightly Conducting One's Reason and of Seeking Truth in the Sciences* (London: Penguin Classics, 2000).

41 David Hume, *A Treatise of Human Nature* (Mineola, MN: Dover, 2003), 180. Originally published in 1740.

42 Endel Tulving, "Precis of Elements of Episodic Memory," *Behavioral and Brain Sciences* 7, no. 2 (1984): 223–238.

43 Larry R. Squire, "The Legacy of Patient H. M. for Neuroscience," *Neuron* 61, no. 1 (2009): 6–9.

44 Céline Souchay et al., "Subjective Experience of Episodic Memory and Metacognition: A Neurodevelopmental Approach," *Frontiers in Behavioral Neuroscience* 7 (December 2013): 1–16.

45 Alison Gopnik, *The Philosophical Baby: What Children's Minds Tell Us about Truth, Love, and the*

11 Lyndsay A. Farrall, "The History of Eugenics: A Bibliographical Review," *Annals of Science* 36, no. 2 (1979): 111–123.

12 Stanley A. Mulaik, *Foundations of Factor Analysis*, 2nd ed. (Boca Raton, FL: CRC Press, 2009).

13 John Ceraso, Howard Gruber, and Irvin Rock, "On Solomon Asch," in *The Legacy of Solomon Asch: Essays in Cognition and Social Psychology*, ed. Irvin Rock (New York: Psychology Press 2014), 3–19. Originally published in 1990.

14 Solomon E. Asch, "Opinions and Social Pressure," *Scientific American* 193, no. 5 (1955): 31–35; Solomon E. Asch, "Studies of Independence and Conformity: I. A Minority of One Against a Unanimous Majority," *Psychological Monographs: General and Applied* 70, no. 9 (1956): 1–70.

15 Kirsten Fermaglich, *American Dreams and Nazi Nightmares: Early Holocaust Consciousness and Liberal America 1957–1965* (Lebanon, NH: University Press of New England, 2006).

16 Hannah Arendt, *Eichmann in Jerusalem: A Report on the Banality of Evil* (New York: Penguin, 2006), 276. Original work published in 1963.

17 Thomas Blass, *The Man Who Shocked the World: The Life and Legacy of Stanley Milgram* (New York: Basic Books, 2004), 62–63.

18 Stanley Milgram, "Behavioral Study of Obedience," *Journal of Abnormal and Social Psychology* 67, no. 4 (1963): 371–378.

19 Arendt, *Eichmann in Jerusalem*, 276.

20 Stanley Milgram, *Obedience to Authority: An Experimental View* (New York: Harper, 2009), 7.

21 Jerry M. Burger, "Replicating Milgram: Would People Still Obey Today?" *American Psychologist* 64, no. 1 (2009): 1–11.

22 Rachel Manning, Mark Levine, and Alan Collins, "The Kitty Genovese Murder and the Social Psychology of Helping: The Parable of the 38 Witnesses," *American Psychologist* 62, no. 6 (2007): 555–562.

23 Bibb Latané and John M. Darley, *The Unresponsive Bystander: Why Doesn't He Help?* (Englewood Cliffs, NJ: Appleton-Century-Crofts, 1970); Bibb Latané and Steve Nida. "Ten Years of Research on Group Size and Helping," *Psychological Bulletin* 89, no. 2 (1981): 308–324.

24 Zimbardo Philip, *The Lucifer Effect: Understanding How Good People Turn Evil* (New York: Random House, 2007).

25 Peter Fischer et al., "The Bystander-Effect: A Meta-Analytic Review on Bystander Intervention in Dangerous and Non-Dangerous Emergencies," *Psychological Bulletin* 137, no. 4 (2011): 517–537; Richard Philpot, "Would I Be Helped? Cross-National CCTV Footage Shows That Intervention Is the Norm in Public Conflicts," *American Psychologist* 75 (2019): 66–75.

26 Walter Mischel, *Personality and Assessment* (New York: John Wiley & Sons, 1968); Walter Mischel, "Toward an Integrative Science of the Person," *Annual Review of Psychology* 55 (2004): 1–22; Lee Ross and Richard E. Nisbett, *The Person and the Situation: Perspectives of Social Psychology* (Pinter & Martin

18 Ross Levin and Tore Nielsen, "Nightmares, Bad Dreams, and Emotion Dysregulation: A Review and New Neurocognitive Model of Dreaming," *Current Directions in Psychological Science* 18, no. 2 (2009): 84–88.

19 James M. Wood et al., "Effects of the 1989 San Francisco Earthquake on Frequency and Content of Nightmares," *Journal of Abnormal Psychology*, 101, no. 2 (1992): 219–224.

20 Levin and Nielsen, "Nightmares, Bad Dreams, and Emotion Dysregulation"; Tore Nielsen and Ross Levin, "Nightmares: A New Neurocognitive Model," *Sleep Medicine Reviews* 11, no. 4 (2007): 295–310.

21 Rosalind Cartwright et al., "Role of REM Sleep and Dream Variables in the Prediction of Remission from Depression," *Psychiatry Research* 80, no. 3 (1998): 249–255; Antti Revonsuo, "The Reinterpretation of Dreams: An Evolutionary Hypothesis of the Function of Dreaming," *Behavioral and Brain Sciences* 23, no. 6 (2000): 877–901.

22 J. A. Hobson and R. W. McCarley, "The Brain as a Dream State Generator: An Activation-Synthesis Hypothesis of the Dream Process," *American Journal of Psychiatry* 134, no. 12 (1977): 1335–1348.

23 Hobson and McCarley, "The Brain as a Dream State Generator."

24 Damrosch, *The Buried Book*.

## 第八章

1 H. G. Wells, "The Illusion of Personality," *Nature* 153, no. 3883 (1944): 395–397.

2 派翠西亞的故事取自於 Jeffrey Toobin, *American Heiress: The Wild Saga of the Kidnapping, Crimes and Trial of Patty Hearst* (New York: Doubleday, 2016).

3 Toobin, *American Heiress*, 126.

4 David Curran, "Patty Hearst a Double Winner at the Westminster Dog Show," *SFGate*, February 14, 2017, https://www.sfgate.com/sports/article/Patty-Hearst-a-double-winner-at-the-Westminster-10931892.php#photo-12366200.

5 Dahlia Lithwick, "The Return of the 'Brainwashed' Defense," *Slate*, January 28, 2002, https://slate.com/news-and-politics/2002/01/the-return-of-the-brainwashed-defense.html.

6 Michael Adorjan, Tony Christensen, and Benjamin Kelly, "Stockholm Syndrome as Vernacular Resource," *Sociological Quarterly* 53 (2012): 454–474.

7 Brian Holoyda and William Newman, "Between Belief and Delusion: Cult Members and the Insanity Plea," *Journal of the American Academy of Psychiatry and the Law* 44 (January 2016): 53–66.

8 Joshua Knobe, "Intentional Action and Side Effects in Ordinary Language," *Analysis* 63, no. 3 (2003): 190–194.

9 Toobin, *American Heiress*, 296.

10 Nina Strohminger, "Moral Character Is the Foundation of a Sense of Personal Identity," *Aeon*, November 17, 2014, https://aeon.co/essays/moral-character-is-the- foundation-of-a-sense-of-personal-identity.

1 關於George Smith的內容乃取自於David Damrosch, *The Buried Book: The Loss and Rediscovery of the Great Epic of Gilgamesh* (Macmillan, 2007); Andrew George, *The Epic of Gilgamesh: The Babylonian Epic Poem and Other Texts in Akkadian and Sumerian* (New York: Penguin, 1999).

2 F. N. H. Al-Rawi and A. R. George, "Back to the Cedar Forest: The Beginning and End of Tablet V of the Standard Babylonian Epic of Gilgameš," *Journal of Cuneiform Studies* 66 (2014): 69–90.

3 George, *The Epic of Gilgamesh*, 10–11.

4 George, *The Epic of Gilgamesh*, 30.

5 A. Leo Oppenheim, "The Interpretation of Dreams in the Ancient Near East with a Translation of an Assyrian Dream-Book," *Transactions of the American Philosophical Society, New Series* 46, no. 3 (1956): 179–373.

6 Homer, *The Iliad*, trans. Robert Fagles (New York: Penguin, 1990), 99–100.

7 Homer, *The Odyssey*, trans. Robert Fagles (New York: Penguin, 1996), 149–150.

8 J. Donald Hughes, "Dream Interpretation in Ancient Civilizations," *Dreaming* 10, no. 1 (2000): 7–18.

9 Daniel E. Harris-McCoy, *Artemidorus' Oneirocritica* (Oxford: Oxford University Press, 2012).

10 J. Donald Hughes, "Dream Interpretation in Ancient Civilizations," *Dreaming* 10, no. 1 (2000): 7–18.

11 Sigmund Freud, *The Interpretation of Dreams*, 3rd ed., trans. Abraham Arden Brill (New York: Macmillan, 1913).

12 Carl Gustav Jung, *Dream Analysis 1: Notes of the Seminar Given in 1928–30* (London: Routledge, 2013).

13 Sudhansu Chokroverty, "Overview of Normal Sleep," in *Sleep Disorders Medicine: Basic Science, Technical Considerations and Clinical Aspects*, 4th ed., ed. Sudhansu Chokroverty (New York: Springer, 2017), 5–27.

14 Jussara M. R. Maragno-Correa et al., "Sleep Deprivation Increases Mortality in Female Mice Bearing Ehrlich Ascitic Tumor," *Neuroimmunomodulation* 20, no. 3 (2013): 134–140; Allan Rechtschaffen et al., "Physiological Correlates of Prolonged Sleep Deprivation in Rats," *Science* 221, no. 4606 (1983): 182–184.

15 Mike Birbiglia, "Fear of Sleep," *This American Life*, June 18, 2019, https://www.thisa mericanlife.org/361/fear-of-sleep.

16 Avi Karni et al., "Dependence on REM Sleep of Overnight Improvement of a Perceptual Skill," *Science* 265, no. 5172 (1994): 679–682. See also Robert Stickgold et al., "Visual Discrimination Task Improvement: A Multi-Step Process Occurring during Sleep," *Journal of Cognitive Neuroscience* 12, no. 2 (2000): 246–254.

17 Robert Stickgold, "Sleep-Dependent Memory Consolidation," *Nature* 437, no. 7063 (2005): 1272–1278; Lea Winerman, "Let's Sleep on It: A Good Night's Sleep May Be the Key to Effective Learning, Says Recent Research," *Monitor on Psychology* 36, no. 1 (2006): 58, http://www.apa.org/monitor/jan06/onit.aspx.

## 第六章

1 Didion, *The Year of Magical Thinking*, 225–226.

2 Didion, *The Year of Magical Thinking*, 226.

3 Ronald W. Pies, "The Bereavement Exclusion and DSM-5: An Update and Commentary," *Innovations in Clinical Neuroscience* 11, no. 7–8 (2014): 19–22.

4 *American Psychiatric Association, Diagnostic and Statistical Manual of Mental Disorders*, 5th ed. (Arlington, VA: American Psychiatric Association, 2013).

5 我盡力回想蘇珊的療傷過程，但記憶不是那麼可靠。

6 Elisabeth Kubler-Ross, *On Death and Dying* (New York: Scribner, 2011). Original work published in 1969.

7 Sigmund Freud, "Mourning and Melancholia," in *The Standard Edition of the Complete Psychological Works of Sigmund Freud* 14 (London: Hogarth Press, 1917): 152–170.

8 John Bowlby, "Processes of Mourning," *International Journal of Psycho-Analysis* 42 (1961): 317–340; Paul K. Maciejewski et al., "An Empirical Examination of the Stage Theory of Grief," *Journal of the American Medical Association* 297, no. 7 (2007): 716–723.

9 George A. Bonanno, *The Other Side of Sadness: What the New Science of Bereavement Tells Us about Life After Loss*, rev. ed. (New York: Basic Books, 2019).

10 Bonanno, *The Other Side of Sadness*; Christopher Hall, "Bereavement Theory: Recent Developments in Our Understanding of Grief and Bereavement," *Bereavement Care* 33, no. 1 (2014): 7–12.

11 Joan Didion, *Blue Nights* (New York: Alfred Knopf, 2011).

12 Karina Stengaard Kamp et al., "Bereavement Hallucinations after the Loss of a Spouse: Associations with Psychopathological Measures, Personality and Coping Style," *Death Studies* 43, no. 4 (2019): 260–269.

13 Bonanno, *The Other Side of Sadness*.

14 Susan Nolen-Hoeksema and Judith Larson, *Coping with Loss* (Mahwah, NJ: Routledge, 1999), 168.

15 Kamp et al., "Bereavement Hallucinations after the Loss of a Spouse."

16 Jacqueline Hayes and Ivan Leudar, "Experiences of Continued Presence: On the Practical Consequences of 'Hallucinations' in Bereavement," *Psychology and Psychotherapy: Theory, Research and Practice* 89, no. 2 (2016): 194–210.

17 Christopher Hall, "Bereavement Theory: Recent Developments in Our Understanding of Grief and Bereavement," *Bereavement Care* 33, no. 1 (2014): 7–12.

18 Barnes, *Levels of Life*, 111.

19 Barnes, *Levels of Life*, 111.

20 Barnes, *Levels of Life*, 112.

23 有趣的是，當我要求參與者想像「一般大眾」會做出什麼選擇時，原本排在第五位的「經濟富裕」會突然升至第一位。「幸福家庭」下降至第二位，而「婚姻或愛情美滿」下降至第四位。真相可能介於自我評價和對他人的評價之間。

24 Sarah Flèche et al., *The Origins of Happiness: The Science of Well-Being over the Life Course* (Princeton: Princeton University Press, 2019).

25 McNulty, James K., Carolyn A. Wenner, and Terri D. Fisher, "Longitudinal Associations Among Relationship Satisfaction, Sexual Satisfaction, and Frequency of Sex in Early Marriage," *Archives of Sexual Behavior* 45, no. 1 (2016): 85–97; Ed Diener and Robert Biswas-Diener, *Happiness: Unlocking the Mysteries of Psychological Wealth* (New York: John Wiley & Sons, 2011).

26 Claire M. Kamp Dush, Miles G. Taylor, and Rhiannon A. Kroeger, "Marital Happiness and Psychological Well-Being across the Life Course," *Family Relations* 57, no. 2 (2008): 211–226.

27 Gary S. Becker, *A Treatise on the Family* (Cambridge: Harvard University Press, 1991).

28 Bernard I. Murstein, Mary Cerreto, and Marcia G. Mac Donald, "A Theory and Investigation of the Effect of Exchange-Orientation on Marriage and Friendship," *Journal of Marriage and the Family* (1977): 543–548; Bernard I. Murstein and Marcia G. MacDonald, "The Relationship of 'Exchange–Orientation' and 'Commitment' Scales to Marriage Adjustment," *International Journal of Psychology* 18, no. 1–4 (1983): 297–311.

29 Robert H. Frank, *Passions within Reason: The Strategic Role of the Emotions* (New York: W. W. Norton, 1988).

30 "Forget Good Times, David Sedaris Is Far More Interested in Bad Behavior," *NPR.com*, May 29, 2018, https://www.npr.org/transcripts/615132917.

31 Pamela C. Regan et al., "Partner Preferences," *Journal of Psychology & Human Sexuality* 12, no. 3 (2000): 1–21.

32 Sandra L. Murray et al., "Tempting Fate or Inviting Happiness? Unrealistic Idealization Prevents the Decline of Marital Satisfaction," *Psychological Science* 22, no. 5 (2014): 619–626.

33 Paul J. E. Miller, Sylvia Niehuis, and Ted L. Huston, "Positive Illusions in Marital Relationships: A 13-Year Longitudinal Study," *Personality and Social Psychology Bulletin* 32, no. 12 (2006): 1579–1594.

34 Sandra L. Murray et al., "Kindred Spirits? The Benefits of Egocentrism in Close Relationships," *Journal of Personality and Social Psychology* 82, no. 4 (2002): 563–581.

35 Sandra L. Murray, John G Holmes, and Dale Wesley Griffin, "The Self-Fulfilling Nature of Positive Illusions in Romantic Relationships: Love Is Not Blind, but Prescient," *Journal of Personality and Social Psychology* 71, no. 6 (1996): 1155–1180.

36 Claire M. Kamp Dush, Miles G. Taylor, and Rhiannon A. Kroeger, "Marital Happiness and Psychological Well-Being across the Life Course," *Family Relations* 57, no. 2 (2008): 211–226.

37 Miller, Niehuis, and Huston, "Positive Illusions in Marital Relationships."

2015).

7 William Berry, "Why Does the Heart Want What It Wants?" *Psychology Today*, December 22, 2015, https://www.psychologytoday.com/us/blog/the-second-noble- truth/201512/why-does-the-heart-want-what-it-wants.

8 Dick P. H. Barelds and Pieternel Barelds-Dijkstra, "Love at First Sight or Friends First? Ties among Partner Personality Trait Similarity, Relationship Onset, Relationship Quality, and Love," *Journal of Social and Personal Relationships* 24, no. 4 (2007): 479–496.

9 Julian Barnes, *The Only Story* (New York: Vintage, 2018), 3.

10 "Tell Me a Lie," written by Barbara Wyrick and Charles M. Buckins.

11 Clancy Martin, "Good Lovers Lie," *New York Times*, February 07, 2015, https://www.nytimes.com/2015/02/08/opinion/sunday/good-lovers-lie.html.

12 Alison Clarke-Stewart and Cornelia Brentano, *Divorce: Causes and Consequences* (New Haven: Yale University Press, 2006).

13 Norman P. Li et al., "Confidence Is Sexy and It Can Be Trained: Examining Male Social Confidence in Initial, Opposite-Sex Interactions," *Journal of Personality* 88, no. 6 (2020): 1235–1251.

14 Delroy L. Paulhus et al., "The Over-Claiming Technique: Measuring Self- Enhancement Independent of Ability," *Journal of Personality and Social Psychology* 84, no. 4 (2003): 890–904.

15 Paulhus et al., "The Over-Claiming Technique."

16 Sean C. Murphy et al., "The Role of Overconfidence in Romantic Desirability and Competition," *Personality and Social Psychology Bulletin* 41, no. 8 (2015): 1036–1052, studies 1 and 2.

17 Murphy et al., "The Role of Overconfidence in Romantic Desirability and Competition," studies 3–5.

18 Sean C. Murphy, Fiona Kate Barlow, and William von Hippel, "A Longitudinal Test of Three Theories of Overconfidence," *Social Psychological and Personality Science* 9, no. 3 (2018): 353–363.

19 Kevin Koban and Peter Ohler, "Ladies, Know Yourselves! Gentlemen, Fool Yourselves! Evolved Self-Promotion Traits as Predictors for Promiscuous Sexual Behavior in Both Sexes," *Personality and Individual Differences* 92 (2016): 11–15; Christopher Dana Lynn, R. Nathan Pipitone, and Julian Paul Keenan, "To Thine Own Self Be False: Self-Deceptive Enhancement and Sexual Awareness Influences on Mating Success," *Evolutionary Behavioral Sciences* 8, no. 2 (2014): 109–122.

20 Damian R. Murray et al., "A Preregistered Study of Competing Predictions Suggests That Men Do Overestimate Women's Sexual Intent," *Psychological Science* 28, no. 2 (2017): 253–255.

21 Richard Fry, "More Americans Are Living without Partners, Especially Young Adults," *Pew Research Center*, May 30, 2020, https://www.pewresearch.org/fact-tank/ 2017/10/11/the-share-of-americans-living-without-a-partner-has-increased-esp ecially-among-young-adults/.

22 Stuart Vyse, "Looking Back on Life" (unpublished study), Connecticut College, New London, CT, doi:10.17605/osf.io/nvwgk.

(Amherst, NY: Prometheus, 1999): 70–96.
22 David G. Myers and Ed Diener, "The Scientific Pursuit of Happiness," *Perspectives on Psychological Science* 13, no. 2 (2018): 218–225.
23 Myers and Diener, "The Scientific Pursuit of Happiness."
24 Myers and Diener, "The Scientific Pursuit of Happiness."
25 Paul Bloom, "Religion, Morality, Evolution," *Annual Review of Psychology* 63 (2012): 179–199.
26 Justin McCarthy, "Less Than Half in U.S. Would Vote for a Socialist for President," *Gallup.com*, November 23, 2020, https://news.gallup.com/poll/254120/less-half-vote-socialist-president.aspx.
27 Cited in Bloom, "Religion, Morality, Evolution," 192.
28. Jeremy Ginges, Ian Hansen, and Ara Norenzayan, "Religion and Support for Suicide Attacks," *Psychological Science* 20, no. 2 (2009): 224–230.
29 Ginges et al., "Religion and Support for Suicide Attacks," 228.
30 這是「獨裁者賽局」(dictator game)的簡化版。
31 這些例子來自於 Bloom, "Religion, Morality, Evolution," 190.

## 第五章

1 Centers for Disease Control, "Provisional Number of Marriages and Marriage Rate: United States, 2000-2016," National Center for Health Statistics, https://www. cdc.gov/nchs/data/dvs/national_marriage_divorce_rates_00-16.pdf
2 Krista K. Payne, *Median Duration of First Marriage and the Great Recession*, FP-14- 20 (Bowling Green, OH: National Center for Family & Marriage Research, Bowling Green State University, 2014), https://www.bgsu.edu/content/dam/BGSU/college- of-arts-and-sciences/NCFMR/documents/FP/FP-14-20-median-duration-first- marriage.pdf.
3 女演員珍妮佛・歐尼爾曾主演1971年的熱門電影《夏日1942》，她結過九次婚，包括與第六任丈夫重新結婚和離婚。
4 Ruqaiyyah Waris Maqsood, "Religions—Islam: Weddings," *BBC*, September 08, 2009, https://www.bbc.co.uk/religion/religions/islam/ritesrituals/weddings_1.shtml; "The Ketubah, or Jewish Marriage Contract;" My Jewish Learning (website), https:// www.myjewishlearning.com/article/the-ketubah-or-marriage-contract/; Nathan B. Oman, "How to Judge Shari'a Contracts: A Guide to Islamic Marriage Agreements in American Courts," Utah Law Review (2011): 287–334.
5 Paul Rampell, "A High Divorce Rate Means It's Time to Try 'Wedleases,'" *Washington Post*, August 04, 2013, https://www.washingtonpost.com/opinions/a-high-divorce- rate-means-its-time-to-try-wedleases/2013/08/04/f2221c1c-f89e-11e2-b018-5b8 251f0c56e_story.html.
6 Berislav Marušić, "Promising against the Evidence," *Ethics* 123, no. 2 (2013): 292–317; Berislav Marušić, *Evidence and Agency: Norms of Belief for Promising and Resolving* (New York: Oxford University Press,

*ESPN*, October 02, 2019, https://www.espn.com/nfl/story/_/id/27699107/tabasco-shots-baths-gross-gloves-best-rituals-superstitions-all-32-nfl-teams.

4 Jane L. Risen and Thomas Gilovich, "Why People Are Reluctant to Tempt Fate," *Journal of Personality and Social Psychology* 95, no. 2 (2008): 293–307. 對於這種「心存僥倖」效應，一直存在一些爭議。已經有兩個研究人員試圖複製該實驗，其中一個成功，另一個失敗，但依我之見，這個現象應該還是真實存在的。

5 Risen and Gilovich, "Understanding People's Fear of Tempting Fate."

6 Holly Rhue, "11 Celebrities on Their Weird Superstitions," *Elle*, July 13, 2018, https://www.elle.com/culture/celebrities/g22071946/celebrity-superstitions/.

7 Lysann Damisch, Barbara Stoberock, and Thomas Mussweiler, "Keep Your Fingers Crossed! How Superstition Improves Performance," *Psychological Science* 21, no. 7 (2010): 1014–1020.

8 Robert J. Calin-Jageman and Tracy L. Caldwel, "Replication of the Superstition and Performance Study by Damisch, Stoberock, and Mussweiler (2010)," *Social Psychology* 45 (2014): 239–245.

9 Niko Tinbergen, "'Derived' Activities; Their Causation, Biological Significance, Origin, and Emancipation during Evolution," *Quarterly Review of Biology* 27, no. 1 (1952): 1–32.

10 David J. Foster, Daniel A. Weigand, and Dean Baines, "The Effect of Removing Superstitious Behavior and Introducing a Pre-Performance Routine on Basketball Free-Throw Performance," *Journal of Applied Sport Psychology* 18, no. 2 (2006): 167–171.

11 Michael I. Norton and Francesca Gino, "Rituals Alleviate Grieving for Loved Ones, Lovers, and Lotteries," *Journal of Experimental Psychology: General* 143, no. 1 (2014): 266–272.

12 Study 1 of Alison Wood Brooks et al., "Don't Stop Believing: Rituals Improve Performance by Decreasing Anxiety," *Organizational Behavior and Human Decision Processes* 137 (2016): 71–85.

13 Brooks et al., "Don't Stop Believing," study 2.

14 Allen Ding Tian et al., "Enacting Rituals to Improve Self-Control," *Journal of Personality and Social Psychology* 114, no. 6 (2018): 851–876.

15 Brooks et al., "Don't Stop Believing," 6.

16 Tian et al., "Enacting Rituals to Improve Self-Control," study 4.

17 Nicholas M. Hobson et al., "The Psychology of Rituals: An Integrative Review and Process-Based Framework," *Personality and Social Psychology Review* 22, no. 3 (2018): 260–284.

18 Chris Chase, "The Definitive Guide to Rafael Nadal's 19 Bizarre Tennis Rituals," *USA Today*, June 5, 2014, https://ftw.usatoday.com/2014/06/rafael-nadal-ritual-tic-pick-water-bottles.

19 Brooks et al., "Don't Stop Believing," pilot study.

20 André Bouquet, "The Walmart Cheer," The Talkative Man, January 03, 2016, https://www.talkativeman.com/the-walmart-cheer/. 有興趣的讀者可以在 YouTube 上找到沃爾瑪員工表演的影片。

21 William K. Clifford, "The Ethics of Belief, in *The Ethics of Belief and other Essays*, ed. Timothy J. Madigan

*Well-Being*, ed. Michael D. Robinson and Michael Eid (New York: Springer 2017), 195–213.

26 Nes and Segerstrom, "Dispositional Optimism and Coping: A Meta-Analytic Review"; Heather N. Rasmussen, Michael F. Scheier, and Joel B. Greenhouse, "Optimism and Physical Health: A Meta-Analytic Review," *Annals of Behavioral Medicine* 37, no. 3 (2009): 239–256; Michael F. Scheier and Charles S. Carver, "Dispositional Optimism and Physical Health: A Long Look Back, a Quick Look Forward," *American Psychologist* 73, no. 9 (2018): 1082–1094.

27 這句引言取自於蕭伯納、王爾德等人的改編，但原始作者不詳。

28 Barbara S. Held, "Why Clinical Psychology Should Not Go 'Positive'—and/or 'Negative,'" in *The Wiley Handbook of Positive Clinical Psychology*, ed. Alex M. Wood and Judith Johnson (Malden, MA: Wiley, 2016), 31–45.

29 Weining C. Chang and Ruben Wen Sivam, "Constant Vigilance: Heritage Values and Defensive Pessimism in Coping with Severe Acute Respiratory Syndrome in Singapore," *Asian Journal of Social Psychology* 7, no. 1 (2004): 35–53.

30 Julie K. Norem and Edward C. Chang, "The Positive Psychology of Negative Thinking," *Journal of Clinical Psychology* 58, no. 9 (2002): 993–1001.

31 Chang and Sivam, "Constant Vigilance."

32 Ingrid Gilles et al., "Trust in Medical Organizations Predicts Pandemic (H1N1) 2009 Vaccination Behavior and Perceived Efficacy of Protection Measures in the Swiss Public," *European Journal of Epidemiology* 26, no. 3 (2011): 203–210.

33 Chang and Sivam, "Constant Vigilance."

34 Edward E. Jonesand Steven Berglas, "Control of Attributions about the Self through Self-Handicapping Strategies: The Appeal of Alcohol and the Role of Underachievement," *Personality and Social Psychology Bulletin* 4, no. 2 (1978): 200–206.

35 Rachel A. Millstein et al., "The Effects of Optimism and Gratitude on Adherence, Functioning and Mental Health Following an Acute Coronary Syndrome," *General Hospital Psychiatry* 43 (2016): 17–22; Rasmussen, Scheirer, and Greenhouse, "Optimism and Physical Health"; Cecilia C. Schiavon et al., "Optimism and Hope in Chronic Disease: A Systematic Review," *Frontiers in Psychology* 7 (2017): 1–10, https://doi.org/10.3389/fpsyg.2016.02022.

## 第四章

1 Barack Obama, *A Promised Land* (New York: Crown, 2020), 200.

2 Chris Chase, "Barack Obama Played Election Day Basketball Game with Scottie Pippen," *USA Today*, November 06, 2012, https://www.usatoday.com/story/gameon/2012/11/06/barack-obama-scottie-pippen-election-day-pickup/1686751/.

3 "Tabasco Shots, Baths and Gross Gloves: The Best Rituals and Superstitions on All 32 NFL Teams,"

Cigarette Smokers," *International Journal of High Risk Behaviors and Addiction* 4, no. 1 (2015): 1–7; Marianna Masiero et al., "Optimistic Bias in Young Adults for Cancer, Cardiovascular and Respiratory Diseases: A Pilot Study on Smokers and Drinkers," *Journal of Health Psychology* 23, no. 5 (2018): 645–656.

14 Lucy Popova and Bonnie L. Halpern-Felsher, "A Longitudinal Study of Adolescents' Optimistic Bias about Risks and Benefits of Cigarette Smoking," *American Journal of Health Behavior 40*, no. 3 (2016): 341–351; Paul Slovic, "Do Adolescent Smokers Know the Risks?" *Duke Law Journal* 47, no. 6 (1998): 1133–1141.

15 Masiero et al., "Optimistic Bias in Young Adults for Cancer, Cardiovascular and Respiratory Diseases."

16 Bonnie L. Halpern-Felsher et al., "Perceived Risks and Benefits of Smoking: Differences among Adolescents with Different Smoking Experiences and Intentions," *Preventive Medicine* 39, no. 3 (2004): 559–567.

17 Gary S. Becker and Kevin M. Murphy, "A Theory of Rational Addiction," *Journal of Political Economy* 96, no. 4 (1988): 675–700. See also Jared C. Carbone, Snorre Kverndokk, and Ole Jørgen Røgeberg, "Smoking, Health, Risk, and Perception," Journal of Health Economics 24, no. 4 (2005): 631–653; Athanasios Orphanides and David Zervos, "Rational Addiction with Learning and Regret," *Journal of Political Economy* 103, no. 4 (1995): 739–758.

18 Milton Friedman, *Theory of the Consumption Function* (Princeton: Princeton University Press, 1957); Franco Modigliani, "The Life Cycle Hypothesis of Saving, the Demand for Wealth and the Supply of Capital," *Social Research* 33, no. 2 (1966): 160–217.

19 Jon Elster, "More Than Enough," *University of Chicago Law Review* 64 (1997): 749– 764; Howard Rachlin, *The Science of Self-control* (Cambridge: Harvard University Press, 2000).

20 Geoffrey T. Fong et al., "The Near-Universal Experience of Regret among Smokers in Four Countries: Findings from the International Tobacco Control Policy Evaluation Survey," *Nicotine and Tobacco Research* 6, Suppl. 3 (2004): 341–351.

21 Paul Slovic, "Cigarette Smokers: Rational Actors or Rational Fools?" in *Smoking: Risk, Perception, and Policy*, ed. Paul Slovic (Thousand Oaks, CA: Sage, 2001), 97–126.

22 Rachlin, *The Science of Self-Control.*

23 Taylor and Brown, "Illusion and Well-Being."

24 Shelley E. Taylor and David K Sherman, "Self-Enhancement and Self-Affirmation: The Consequences of Positive Self-Thoughts for Motivation and Health," in *Handbook of Motivation Science*, ed. James Y. Shah and Wendi L. Gardner (New York: Guilford, 2008), 57–70.

25 Lise Soleberg Nes and Suzanne C. Segerstrom, "Dispositional Optimism and Coping: A Meta-Analytic Review," *Personality and Social Psychology Review* 10, no. 3 (2006): 235–251; Suzanne C. Segerstrom, Charles S. Carver, and Michael F. Scheier, "Optimism," in *The Happy Mind: Cognitive Contributions to*

55 Philip Bump, "Analysis | 15 Years after the Iraq War Began, the Death Toll Is Still Murky," Washington Post, March 29, 2019, https://www.washingtonpost.com/news/ politics/wp/2018/03/20/15-years-after-it-began-the-death-toll-from-the-iraq-war-is-still-murky/.

56 Meta Brown and Sydnee Caldwell, "Young Student Loan Borrowers Retreat from Housing and Auto Markets," Liberty Street Economics, April 17, 2013, https://liberty streeteconomics.newyorkfed.org/2013/04/young-student-loan-borrowers-retreat- from-housing-and-auto-markets.html.

第三章

1 Stephen Collinson, "Trump Seeks a 'Miracle' as Virus Fears Mount," *CNN.com*, February 28, 2020, https://www.cnn.com/2020/02/28/politics/donald-trump-coro navirus-miracle-stock-markets/index.html.

2 William Ebbs, "Will Coronavirus Be with Us Forever? American Experts Say It's Possible," *CCN.com*, March 27, 2020, https://www.ccn.com/will-coronavirus-be- with-us-forever-american-scientists-say-its-possible/.

3 Greg Laurie and Tiffany Velasquez, "God Is Bigger Than the Coronavirus," Harvest, March 6, 2020, https://harvest.org/resources/gregs-blog/post/god-is-bigger-than- the-coronavirus/.

4 Rob Reich, "The Dangers of Relying on Philanthropists during Pandemics," Wired, March 22, 2020, https://www.wired.com/story/opinion-the-dangers-of-relying-on- philanthropists-during-pandemics/.

5 Bill Gates, "The Next Outbreak? We're Not Ready," filmed March 2015, TED video, https://www.ted.com/talks/bill_gates_the_next_outbreak_we_re_not_ready.

6 Quoted in Richard Thaler, "Mental Accounting Matters," in *Choices, Values, and Frames*, ed. Amos Tversky and Daniel Kahneman (New York: Cambridge University Press, 2000), 241–268.

7 For a fuller explanation, see Thaler, "Mental Accounting Matters," 262.

8 Allan Smith, "Fauci: Americans Are 'Going to Have to Hunker down Significantly More' to Fight Coronavirus," *NBCNews.com*, March 15, 2020, https://www.nbcnews. com/politics/meet-the-press/fauci-americans-are-going-have-hunker-down-significantly-more-fight-n1159381.

9 Sarah Mervosh, Denise Lu, and Vanessa Swales, "See Which States and Cities Have Told Residents to Stay at Home" *New York Times*, March 24, 2020, https://www.nytimes.com/interactive/2020/us/coronavirus-stay-at-home-order.html.

10 World Health Organization, *Noncommunicable Diseases Country Profiles* 2018 (Geneva: World Health Organization, 2018), https://www.who.int/nmh/publications/ncd-profiles-2018/en/.

11 Melonie Heron, "Deaths: Leading Causes for 2017," *National Vital Statistics Reports* 68, no. 6 (2019); World Health Organization, *Noncommunicable diseases country profiles* 2018.

12 Heron, "Deaths: Leading Causes for 2017."

13 Marianna Masiero, Claudio Lucchiari, and Gabriella Pravettoni, "Personal Fable: Optimistic Bias in

Edith Filaire et al., "Psychophysiological Stress in Tennis Players during the First Single Match of a Tournament," *Psychoneuroendocrinology* 34, no. 1 (2009): 150–157.

41 Leon Festinger and James M. Carlsmith, "Cognitive Consequences of Forced Compliance," *The Journal of Abnormal and Social Psychology* 58, no. 2 (1959): 203–210.

42 S. Douglas Pugh, Markus Groth, and Thorsten Hennig-Thurau, "Willing and Able to Fake Emotions: A Closer Examination of the Link between Emotional Dissonance and Employee Well-Being," *Journal of Applied Psychology* 96, no. 2 (2011): 377–390.

43 Ellen Heuven and Arnold Bakker, "Emotional Dissonance and Burnout among Cabin Attendants," *European Journal of Work and Organizational Psychology* 12, no. 1 (2003): 81–100.

44 Mathew L. A. Hayward et al., "Beyond Hubris: How Highly Confident Entrepreneurs Rebound to Venture Again," *Journal of Business Venturing* 25, no. 6 (2010): 569–578.

45 Jessica A. Kennedy, Cameron Anderson, and Don A. Moore, "When Overconfidence Is Revealed to Others: Testing the Status-Enhancement Theory of Overconfidence," *Organizational Behavior and Human Decision Processes* 122 (2013): 266–279.

46 Peter Schwardmann and Joël van der Weele, "Deception and Self-Deception," *Nature Human Behaviour* 3, no. 10 (2019): 1055–1061.

47 Michelle Lee, "Fact Check: Has Trump Declared Bankruptcy Four or Six Times?" *Washington Post*, September 26, 2016, https://www.washingtonpost.com/politics/2016/ live-updates/general-election/real-time-fact-checking-and-analysis-of-the-first-presi dential-debate/fact-check-has-trump-declared-bankruptcy-four-or-six-times/.

48 Si Chen and Hannah Schildberg-Hörisch, "Looking at the Bright Side: The Motivational Value of Confidence," *European Economic Review* 120 (2019): 1–40, https://doi.org/10.1016/j.euroecorev.2019.103302.

49 為了簡化這個描述，我省略了實驗中所使用的一些技術細節，但主要的內容是一樣的。

50 Hans K. Hvide, "Pragmatic Beliefs and Overconfidence," *Journal of Economic Behavior and Organization* 48, no. 1 (2002): 15–28.

51 Johnson and Fowler, "The Evolution of Overconfidence."

52 Daniel Kahneman and Amos Tversky, "Conflict Resolution: A Cognitive Perspective," in *Barriers to Conflict Resolution*, ed. Kenneth J. Arrow et al. (New York: W. W. Norton, 1995), 44–60.

53 Robert L. Gandt, *Skygods: The Fall of Pan Am* (NewYork: Morrow, 1995); Agis Salpukas, "Its Cash Depleted, Pan Am Shuts," *New York Times*, December 5, 1991, https://www.nytimes.com/1991/12/05/business/its-cash-depleted-pan-am-shuts.html.

54 Michael Cohen, "The Best and Worst Foreign Policy Presidents of the Past Century," *Atlantic*, August 1, 2011, https://www.theatlantic.com/international/archive/2011/07/the-best-and-worst-foreign-policy-presidents-of-the-past-century/242781/.

25 Chad Otar, "What Percentage of Small Businesses Fail—And How Can You Avoid Being One of Them?" *Forbes*, August 21, 2019, https://www.forbes.com/sites/forbe sfinancecouncil/2018/10/25/what-percentage-of-small-businesses-fail-and-how- can-you-avoid-being-one-of-them/#266c53ef43b5.

26 Barton H. Hamilton, "Does Entrepreneurship Pay? An Empirical Analysis of the Returns to Self-Employment," *Journal of Political Economy* 108, no. 3 (2000): 604–631.

27 Don A. Moore and Tai Gyu Kim, "Myopic Social Prediction and the Solo Comparison Effect," *Journal of Personality and Social Psychology* 85, no. 6 (2003): 1121–1135.

28 Colin Camerer and Dan Lovallo, "Overconfidence and Investment: An Experimental Approach," *American Economic Review* 89, no. 1 (1999): 306–318.

29 Philipp Koellinger, Maria Minniti, and Christian Schade, "'I Think I Can, I Think I Can': Overconfidence and Entrepreneurial Behavior," *Journal of Economic Psychology* 28, no. 4 (2007): 502–527.

30 Daniel Kahneman and Amos Tversky, "Conflict Resolution: A Cognitive Perspective," in *Barriers to Conflict Resolution*, ed. Kenneth J. Arrow et al. (New York: W. W. Norton, 1995), 44–60.

31 這場比賽進行於2016年9月15日。For the ESPN play-by-play record, see https://www.espn.com/mlb/playbyplay?gameId=360915102.

32 E. J. Dionne, "Lendl Winner over McEnroe," *New York Times*, June 11, 1984, https://www.nytimes.com/1984/06/11/sports/lendl-winner-over-mcenroe.html; "John McEnroe: Rankings History: ATP Tour: Tennis," ATP Tour, https://www.atptour. com/en/players/john-mcenroe/m047/rankings-history.

33 Dan Barry, *Bottom of the 33rd: Hope, Redemption, and Baseball's Longest Game* (New York: Harper Collins, 2011). 實際上，比賽在1981年4月19日星期日凌晨4:07暫停，當時進行到了第三十二局，而最後一局則在1981年6月23日進行。

34 Steve Tignor, "French Open Memories, #4: Ivan Lendl d. John McEnroe, 1984," Tennis.com, May 24, 2018, https://www.tennis.com/pro-game/2018/05/french-open- memories-4-ivan-lendl-d-john-mcenroe-1984/73861/.

35 Paul Ekman, Maureen O'Sullivan, and Mark G. Frank, "A Few Can Catch a Liar," *Psychological Science* 10, no. 3 (1999): 263–266.

36 Maria Konnikova, *The Confidence Game: Why We Fall For It . . . Every Time* (New York: Penguin, 2016).

37 Robert Trivers, *The Folly of Fools: The Logic of Deceit and Self-Deception in Human Life* (New York: Basic Books, 2011).

38 Trivers, *The Folly of Fools*; Robert Trivers, "The Elements of a Scientific Theory of Self- Deception," *Annals of the New York Academy of Sciences* 907, no. 1 (2006): 114–131.

39 See also Dominic D. P. Johnson and James H. Fowler, "The Evolution of Overconfidence," *Nature* 477 (2011): 317–320.

40 Lynette L. Craft et al., "The Relationship between the Competitive State Anxiety Inventory-2 and Sport Performance: A Meta-Analysis," *Journal of Sport and Exercise Psychology* 25, no. 1 (2003): 44–65;

Heart Attacks That Strike during Exercise," *Financial Times*, September 8, 2014, https://www.ft.com/content/838810b4-34f6-11e4-aa47-00144feabdc0.

10 Victor A. Benassi, Paul D. Sweeney, and Gregg E. Drevno, "Mind over Matter: Perceived Success at Psychokinesis Victor," *Journal of Personality and Social Psychology* 37, no. 8 (1979): 1377–1386.

11 Neil D. Weinstein, "Unrealistic Optimism about Future Life Events," *Journal of Personality and Social Psychology* 39, no. 5 (1980): 806–820.

12 Kate Sweeny, Patrick J. Carroll, and James A. Shepperd, "Is Optimism Always Best? Future Outlooks and Preparedness," *Current Directions in Psychological Science* 15, no. 6 (2006): 302–306; James A. Shepperd, Angelica Falkenstein, and Kate Sweeny, "Fluctuations in Future Outlooks," in *The Psychology of Thinking about the Future*, ed. Gabriele Oettingen, A. Timur Sevincer, and Peter M. Gollwitzer (New York: Guilford, 2018), 231–249.

13 Roy F. Baumeister and Astrid Schütz, "Positive Illusions and the Happy Mind," in *The Happy Mind: Cognitive Contributions to Well-Being*, ed. Michael D. Robinson and Michael Eid (New York: Springer, 2017), 177–193.

14 Baumeister and Schütz, "Positive Illusions and the Happy Mind," 177–193.

15 Neil D. Weinstein, "Unrealistic Optimism about Future Life Events," *Journal of Personality and Social Psychology* 39, no. 5 (1980): 806–820.

16 Cameron Anderson et al., "Knowing Your Place: Self-Perceptions of Status in Face-to-Face Groups," *Journal of Personality and Social Psychology* 91, no. 6 (2006): 1094–1110.

17 Joseph Heller, *Something Happened* (New York: Alfred A. Knopf, 1974), 13.

18 Dominic D. P. Johnson, *Overconfidence and War: The Havoc and Glory of Positive Illusions* (Cambridge: Harvard University Press, 2004).

19 Roy F. Baumeister, "The Optimal Margin of Illusion," *Journal of Social and Clinical Psychology* 8, no. 2 (1989): 176–189.

20 Joyce Ehrlinger et al., "Why the Unskilled Are Unaware: Further Explorations of (Absent) Self-Insight among the Incompetent," *Organizational Behavior and Human Decision Processes* 105, no. 1 (2008): 98–121.

21 Gary L. Wells and Elizabeth A. Olson, "Eyewitness Testimony," *Annual Review of Psychology* 54, no. 1 (2003): 277–295.

22 Brandon Garrett, *Convicting the Innocent* (Cambridge: Harvard University Press, 2011).

23 David Shariatmadari, "Daniel Kahneman: 'What Would I Eliminate If I Had a Magic Wand? Overconfidence,'" *Guardian*, July 18, 2015, https://www.theguardian.com/books/2015/jul/18/daniel-kahneman-books-interview.

24 Lauren B. Alloy and Lyn Y. Abramson, "Judgment of Contingency in Depressed and Nondepressed Students: Sadder but Wiser?" *Journal of Experimental Psychology: General* 108, no. 4 (1979): 441–485.

Goodrich, 1829).
18 William James, "The Will to Believe," in *The Will to Believe and Other Essays in Popular Philosophy. The Works of William James*, ed. Frederick Burkhardt, Fredson Bowers, and Ignas K. Skrupskelis, vol. 6 (Cambridge, MA: Harvard University Press, 1979). Originally published in 1896.
19 Blaise Pascal, *Pascal's Pensées* (New York: E. P. Dutton, 1958), #277. Original work published in 1670.
20 Linda Simon, *Genuine Reality: A Life of William James* (Chicago: University of Chicago Press, 1999).
21 As quoted in "Books: The Waterspouts of God," an unsigned review of *The Varieties of Religious Experience* by William James, Time, July 19, 1963, http://content.time.com/time/magazine/article/0,9171,896918,00.html.
22 Daniel L. Schacter et al., *Psychology*, 3rd ed. (New York: Worth, 2014).
23 Jonathan Baron, *Thinking and Deciding*, 4th ed. (Cambridge: Cambridge University Press, 2008), 61.
24 William James, *Pragmatism* (Toronto: Dover, 1995). Original work published in 1907.

第二章

1 Eve Peyser (@eveypeyser), Twitter, Date, https://twitter.com/evepeyser/status/1204796250366914566?s=20.
2 Calvin Tomkins, "New Paradigms," *New Yorker* 51 (1976): 30–36.
3 Carl R. Rogers, "The Process of the Basic Encounter Group," in *Perspectives in Abnormal Behavior: Pergamon General Psychology Series*, ed. Richard J. Morris (New York: Pergamon, 1974), 369–386.
4 Shelley E. Taylor and Jonathon D Brown, "Illusion and Well-Being: A Social Psychological Perspective on Mental Health," *Journal of Personality and Social Psychology* 103, no. 2 (1988): 193–210.
5 Taylor和Brown使用了「幻覺」(illusion)這個術語，而隨後的研究工作被歸類為「正面幻覺」(positive illusions)。然而，出於第一章中所解釋的原因，我選擇了「妄想」(delusion)這個術語。
6 Ola Svenson, "Are We All Less Risky and More Skillful Than Our Fellow Drivers?" *Acta Psychologica* 47, no. 2 (1981): 143–148.
7 Ezra W. Zuckerman and John T. Jost, "What Makes You Think You're So Popular? Self-Evaluation Maintenance and the Subjective Side of the 'Friendship Paradox,'" *Social Psychology Quarterly* 64, no. 3 (2001): 207–223.
8 Scott L. Feld, "Why Your Friends Have More Friends Than You Do," *American Journal of Sociology* 96, no. 6 (1991): 1464–1477. 以非數學的術語來說，友誼悖論是由於受歡迎的人在任何一組朋友中的朋友清單上佔比過多所造成的。例如，想像一個交友圈，它由中心人物吉兒和其他三個不那麼受歡迎的朋友所組成。吉兒有很多朋友，因此她出現在許多人的朋友清單上。對於每個和吉兒交朋友的人來說，他們的朋友平均數量會更高，因為吉兒的分數拉高了平均值。這種效應取決於朋友圈的形態，當然不適用於吉兒本人。但平均而言，你的朋友會比你有更多的朋友。
9 Fixx在開始跑步之前是個老菸槍，他的家族中也有心臟病病史。Charles Wallace, "Dilemma of

# 註釋

## 第一章

1 oan Didion, *The Year of Magical Thinking* (New York: Vintage, 2005), 42.

2 Didion, *The Year of Magical Thinking*, 33.

3 Albert Camus, *The Plague: The Fall; Exile and the Kingdom*; and Selected Essays (New York: Knopf, 2004), 534.

4 Michael Lewis, *The Undoing Project: The Friendship That Changed Our Minds* (New York: W. W. Norton, 2016).

5 Veronika Denes-Raj and Seymour Epstein, "Conflict between Intuitive and Rational Processing: When People Behave against Their Better Judgment," *Journal of Personality and Social Psychology* 66, no. 5 (1994): 819.

6 針對當代相關研究中的許多類似例子，參見 Daniel K. Walco and Jane L. Risen, "The Empirical Case for Acquiescing to Intuition," *Psychological Science* 28, no. 12 (2017): 1807–1820.

7 American Psychiatric Association, *Diagnostic and Statistical Manual of Mental Disorders*, 5th ed. (Arlington, VA: American Psychiatric Association, 2013), 87.

8 William Shakespeare, *Henry the VI, Part I*, Open Source Shakespeare, https://www.opensourceshakespeare.org/, line 2747.

9 Merriam-Webster, s.v. "delusion," https://www.merriam-webster.com/dictionary/delusion.

10 Katherine Hignett, "Are You a Flat-Earther? More Americans Than Ever Before Are Searching for the 'Truth,'" *Newsweek*, December 1, 2017, http://www.newsweek.com/flat-earth-conspiracy-america-726761.

11 Keith E. Stanovich, *Decision Making and Rationality in the Modern World* (New York: Oxford University Press, 2010).

12 Jon Elster, "Interpretation and Rational Choice," *Rationality and Society* 21, no. 2 (2009): 5–33.

13 Anahad O'Connor, "The Claim: Never Swim After Eating," *New York Times*, June 28, 2005, http://www.nytimes.com/2005/06/28/health/the-claim-never-swim-after-eating.html.

14 See the Flat Earth Society website, https://www.tfes.org/.

15 Adam Smith, *The Theory of Moral Sentiments* (New York: Penguin Books, 2009), 13. Original work published in 1759.

16 William K. Clifford, "The Ethics of Belief, in *The Ethics of Belief and Other Essays*, ed. Timothy J. Madigan (Amherst, NY: Prometheus, 1999), 70–96.

17 Samuel Taylor Coleridge, "Aphorism 25," in *Aids to Reflection*, ed. James Marsh (London: Chauncey

人生顧問 498

# 妄想的力量：迷信、儀式感與過度樂觀的非理性心理學

## The Uses of Delusion: Why It's Not Always Rational to Be Rational


作　者—史都華・維斯（Stuart Vyse）
譯　者—劉宗為
責任編輯—許越智
責任企畫—張瑋之
封面設計—F E 設計
內文排版—張瑜卿
總 編 輯—胡金倫
董 事 長—趙政岷
出 版 者—時報文化出版企業股份有限公司
一〇八〇一九臺北市和平西路三段二四〇號一至七樓
發行專線／（〇二）二三〇六—六八四二
讀者服務專線／〇八〇〇—二三一—七〇五、（〇二）二三〇四—七一〇三
讀者服務傳真／（〇二）二三〇四—六八五八
郵撥／一九三四—四七二四時報文化出版公司
信箱／一〇八九九臺北華江橋郵局第九九信箱
時報悅讀網—www.readingtimes.com.tw
法律顧問—理律法律事務所　陳長文律師、李念祖律師
印　刷—勁達印刷有限公司
初版一刷—二〇二三年九月二十二日
定　價—新台幣三八〇元



時報文化出版公司成立於一九七五年，並於一九九九年股票上櫃公開發行，
於二〇〇八年脫離中時集團非屬旺中，以「尊重智慧與創意的文化事業」為信念。

妄想的力量：迷信、儀式感與過度樂觀的非理性心理學
史都華・維斯（Stuart Vyse）著；劉宗為譯
---初版---臺北市：時報文化出版企業股份有限公司，2023.09
面；14.8×21公分. ---（人生顧問498）
譯自：The Uses of Delusion : Why It's Not Always Rational to Be Rational
ISBN 978-626-374-303-8（平裝）　1.CST: 信仰　2.CST: 心理學
173　　112014450




ISBN 978-626-374-303-8　Printed in Taiwan